できる人はやる、できない人は論ずる

久米信廣
KUME NOBUHIRO

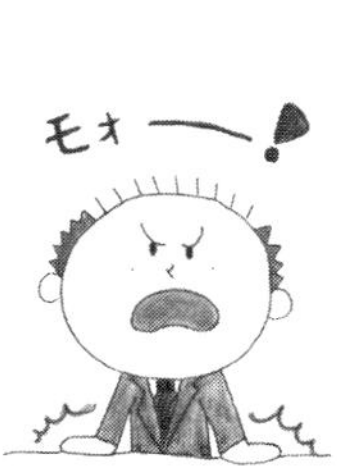

はじめに

何かを決める時、決断に際して、どう行動してきましたか？　そして、成功しましたか？

私の経営する「第三企画」という会社は、１９８０年の創業から37年、不動産広告に特化した広告業を営んでいます。広告の企画立案及び制作・印刷を、一貫して行っています。

バブル崩壊やリーマンショックの荒波では、不動産関連であることと、広告業であることで、二重の打撃を受けました。それらを乗り越え、今日まで発展してこられたのは、物事を理屈で考え選択してきたからではありません。

あれこれ考えるのでもあれこれ論じるのでもない、ですがやみくもに動くのでもないのです。では何が大事か。本書には、それを感じていただけるような数々の言葉と実例を盛り込みました。

はじめに

第壱部では、株式会社日新ハウジング様(東京都中野区、平山喜朗社長)が毎月1回発行する不動産チラシ広告に、二十余年にわたり掲載してきた私の文章から、人生の選択にまつわる46編を取り上げます。

この広告は、不動産購入を勧めるわけでもなければ、誰もが納得するような当たり障りのない内容でもありません。月に一度、B5版カラー印刷の一枚に、私のその時の思いをぎゅっと詰め込んだ、人生の意見広告です。手にしてくださる皆様により良く生きていただきたい一心で、力いっぱいの啓蒙を発信しています。

多い月には20本のクレームがありました。それほどまでに読者の方々と真剣に向き合い、また、真剣にお読みいただけた文章であります。このような破天荒な広告企画をご理解いただき、クレームが入ってもお許し続けていただいた平山社長への感謝を込めて、第壱部では長期間にまたがって紡いだ意見広告をそのまま掲載してあります。

第弐部では、価値観、選択、生き方などに関して、主に社員にした話を手直ししました。第壱部にありますように、広告では短い文章の中で、皆様の胸にたくさんの問いかけを重ねています。その答えを皆様それぞれ、見出していただければと思います。

第参部では、意見広告と重なる部分もありますが、会社経営や社会貢献活動の積み重ねの経験から、私の人に対する見方、考え方を述べています。

この不透明な時代、皆様が道を歩んでいかれる上で、本書からお感じになったことや印象に残った何かが、次の一歩を踏み出す際のヒントになれば幸いです。

目次

できる人はやる、できない人は論ずる

第壱部 問いかけ――二十年、広告で届けた

第壱部

問いかけ――二十年、広告で届けた

【第壱章】三つのいきかた

三つの力

幼い時から、学力で判断されてきた
いわゆる、成績の良し悪しが唯一の基準
もちろん、素行チェックも当たり前である
しかし、総じて学生時代においての唯一のルールは成績である

当然にして、成績を見極める基準の出所は文部科学省
記憶力を中心におくか、創造力を中心におくかは自由
その都度、国家に必要な人材育成を目的に設定される

そこから、点数の高い学校出身が社会における一流会社へ
点数の高い成績を取ることとイコール幸せな人生
…という短絡的な思い込み人生観が生まれてくる
だが2003年、内閣府に設けられた「人間力戦略研究会」では

人間力を、「社会を構成し運営するとともに、
自立した1人の人間として力強く生きていくための総合的な力」
と定義している

ここに学力という言葉は一言も出てきていない
そして誰もが、社会に出て学力より人間力が必要だと痛感する
そして誰もが、慌てて対処しながらどうしようもなくさまよう

社会で必要とされる三つの力がある
〈1〉仕事を前向きにできる力
〈2〉他の人と協力してやっていける力
〈3〉困難に出会っても克服できる力

今、もう一度振り返って見る必要があるのでは…

（2004年9月）

三つの見方

悔やまれることがあるでしょ
取り返しのつかないこともあるでしょ
だからといってどうすることもできない自分

日々忙しく起こりくる出来事
対応の仕方を工夫していますか？
対応とは、釣り合いを取ること
向かう相手と、出来事とである
だからこそ妥協も必要となってくる

その時々に的を射た判断をするために
悔やむことを無くするために
提案します！「三つの見方」…

〈1〉時間は流れているとも表現できる
だからこそ今だけで判断しない事
「今と先（3カ月後、1年後等々）」の両方からの見方を！
〈2〉ものの見方は、相手と自分とその周囲
3種類の見方は意識するかしないかに関わらず存在する
「自分・相手・周り」の3方面からの見方を！
〈3〉私たち人間は、着飾る文化を持っています
それぞれの人が自らの感性をもって着飾る
だからこそ惑わされる事無く「表面と中身」を見よう！

自分の人生
たったの1回しかない人生！
果たして今のままでいいの？

（2008年2月）

三つの能力

私たちが生きるということは
日々における喜怒哀楽を味わうこと
そしてその発端のすべては人間関係にある
その証拠に、何かを始める時は必ず誰かがいる
その時誰もが時間をかけ納得いく人を選びだす
その上に、言葉を交わし、意思の疎通をはかる

うまくいくかいかないかは、その関係性による
いくら選んだ相手であっても、仲間割れする時もある
いつの時代もうまくいく人は特定できないものである

意志に反し多くのトラブルの原因は、人間に帰着する
相手は平常なのに、自分の腹が、私が収まらない

悲しき独り相撲の日々となる

人間関係を決定付けているのは他ならぬ自分ではないか！
その証拠に、喜ぶも悲しむも、他ならぬ自分ではないか！
そんな人間には、誰もが授かる「三つの能力」がある

〈1〉「自己管理能力」
　自分が置かれた環境に沿って生きられるように察知する力
〈2〉「自己制御能力」
　目的達成に向けて襲い来る欲望を切り捨てる力
〈3〉「自己開発能力」
　本来備わっている才能などを引き出す力

あなたは「察知する」「切り捨てる」「引き出す」
三つの力の使い方、間違っていませんか？

（2008年3月）

三つのいきかた

嫌な思い出を抱えながら生きる
起こりくる出来事に振り回されながら生きる
理想に向かって努力しながら夢に生きる

どのいきかたも出来事は同じ
どのいきかたも味わう素は同じ
どのいきかたも出会う人は同じ

それなのに判断が大きく違ってくる
逃げる人あり、立ち止る人あり
避ける人あり、挑戦する人あり

どんな人も共通するもの
それは、誰人においても
1回しかない人生である

その人生どう生きるかは勝手である
しかし誰もが確実に周りに影響を与えている
その影響を分かる人と、分からない人がいる

だからいろんな違いができてくる
ある時は高低、そしてある時は左右
そして問題なのは、全ての人生に幸せが用意されていること

さてあなたは、過去に生きていますか？
現在に生きていますか？
明日に生きていますか？

（2008年4月）

三つの満足

物に執着して生きる人がいる
何でもいい、皆が持っているものを持ちたい
同じ物を持つ事で満足できる
端から見て不釣り合いであっても
当の本人は満足みたいである
まったく周りが見えていない
しかしそんな人も、時間と共に物は変化するみたいである

情けに執着して生きる人がいる
どんな出来事よりも自分の想いを優先する
自分の想いを遂げることが目的
例え事態が悪くなっても
本人は満足である

どんな苦労も喜びとなる
しかしそんな想いも、一方通行で終えることとなる

日々のいきかたに執着する人がいる
食べ物よりも着飾るよりも言動振る舞いにこだわる
常に人間で在り続ける事を目指し
どんな誘惑があろうとも
流されることはない
日々弱き自分と闘う
「見るもよし、見ざるもよし、されど我は咲くなり」の意気高く！

さてあなたは、どれに満足しますか？

（２００８年５月）

三つの時

過去を悔やんで生きる人がいる
未来に不安を持って生きる人もいる
両者とも1回しかない現在を使いながら

そんな、過去が今を作り
　今が未来を作る

だから過去を悔やむということは…
今を悔やむということ
未来に不安を持つということは…
今が不安だということ

そんな「過去・現在・未来」は
私たちの意識の中でしか流れない
それは今まで生きてきた事実

過ぎ去った過去は、記憶として
喜怒哀楽の現在は、知覚として
まだ見えぬ未来は、期待として

ではあなたは何をもって現在を生きているのですか？
記憶を基にしているのですか？
結果を予期しながらですか？
それとも今この時ですか？

（2008年6月）

三つの束縛

誰にも、周りから言われてきた言葉がある
そんな言葉は、何かをする時に思い出す

好んで自分から経験し失敗したこと
そんな出来事は、新しく船出する時に蘇る

探し求め、自ら手にした安心
事あるごとに、止めるべきだと甘く囁く

大事な時こそあなたを躊躇させゆく、三つの束縛
一つに、勝手に作動する刷り込まれたソフトウエア
二つに、ここ一番の時に顔を出してくる失敗した出来事
三つに、落ち込んだ時、そのまま安心させてくれる事例と仲間

それは、あなたの性格を決めつけている言葉であり
　あなたの行動を制限させる経験であり
　あなたの現状を肯定する情報である

これらは事あるごとに
　あなたの性格を偽り
　あなたの思考を制限し
　あなたの気持を歪曲させる

これが、あなたを閉じ込める「三つの束縛」の実体だ！
もし気づいたことがあるのなら、束縛を打ち破れ！

（2008年7月）

三つの眼

どうしても物に執着してしまう
車にしても、携帯電話にしても
何をしても気になって仕方ない

また、どうしても気になる人がいる
異性であれ、同性であれ
心の動きを、コントロールできない

しかし、そんな物に振り回されず
しかし、坦々と人付き合いながら
自らの役目を果たしゆく人がいる

そんな人々の多くは
執着し過ぎず、思い過ぎず、変化に対応している
そんな現代では目標を持つべきだと言われている
しかし、それに執着し過ぎると
思い通りにならない事に負けかねない
そんな日々を生きる為に必要となるのが三つの眼
それが、「物眼・情眼・道眼」である
今日より、物に執着すること無く
情に流されること無く
人としての道を貫こう！

（2008年8月）

三つの反省

私たちの毎日は忙しいもの
意識するかしないかに関わらず
望むか望まないかに、関わらず

巡りくる出会い、襲いくる出来事、日々更新される喜怒哀楽
そんな日々を積み重ねるうちに
知らず知らずにマンネリの波に呑まれてしまう
当然に、無感動の日々に問題意識すら持てない

けれど…確かに決意はしている
他人よりも頑張ることもしている
これ以上、何が足らないのだろう？

そんなあなた、その時は充実したでしょ！
その時その時は、決して後悔はしていないでしょ！
あなたは、そんな連続の日々を
過ごしてきたのではないですか？

そんなあなただけにこっそり教えます
そうならないための方法を

あなたが決意したこと、それ以後の行動について
自問自答してみてください

〈1〉できたのか？
〈2〉できなかったのか？
〈3〉だったら、どうするのか？

（2008年9月）

三つの大事

人は、家族を経て人間となる
1人から2人へと、そして家族へと
それぞれの人が家族を通じ、それぞれの人となる

そんな家族とは、全く別の男女が寄り添うこと
だからこそ、それぞれを配偶者といい
だからこそ、ひとつの屋根の下に暮す

なのに、夫は夫の世界を優先？
妻は妻の世界を優先？
子どもは子どもの世界を優先？

みんなが挨拶することなく
みんなでの食事することなく
それぞれを知らないまま暮らしていませんか？

確かにみんな自分のことで精一杯かも知れない
家族事より自分事が大事なのかも知れない
しかし、家族があるからこそのあなた

そんなあなたの家族はどうですか？
「三つの大事」チェックしてみませんか？
〈1〉家族のことを知り合っていますか？
〈2〉それぞれの役割を果たすため、互いに助け合っていますか？
〈3〉家族の幸せ・周りの幸せを考えていますか？

（2008年10月）

三つの環境

あなたは誰に育てられましたか？
考えたことがありますか？
感謝したことはありますか？

言われることに慣れ、注意されることに慣れ
ただ反発し横を向いていませんでしたか？

私たちが生きることとは、誰かと暮らすこと
誰かに世話されること
誰かを世話すること

あなたはどんな世話をされてきましたか
覚えていますか？
思い出せますか？

そんな私達は、
「ヒト」が「人」になり「人間」になってきたのです
もちろん、それぞれがそれぞれの「三つの環境」から

〈1〉生活範囲
〈2〉習慣・慣習
〈3〉目的・目標

だからこそ、それぞれの人格があり、品格があり、人生がある
だからこそ、今こそ振りかえる時、自分を知る時
さてあなたは、自分の「三つの環境」ご存知ですか？

（２００８年11月）

三つの気持ち

生活とは
社会の変化に応じて
何かを考えたり行動したりすること

そして気持ちとは
何かを見たり聞いたりした時に感じる
快・不快、好き・嫌いの思い

その行動を始める前の気持ちに三つある
〈1〉過去を悔む思い
〈2〉未来を案ずる思い
〈3〉現在に全力しようとの思い
私たちは、現在に全力する人たちを応援します！

（2008年12月）

続・三つのいきかた

〈1〉自分を意識しないままの「受力のいきかた」
他人に言われるがまま生きてしまい
環境の働きのまま生きてしまう

何かあれば、他人や環境のせい
無条件で、すべてを受け入れる
環境に支配されているとも知らず生きる

〈2〉自分を意識し過ぎてしまう「自力のいきかた」
自分が正しいとの姿勢を崩さない
独断であろうと、知らぬ顔である

他人の力など当てにせず
1人で生きていくと言う
他人には振り向きもしないで生きる

〈3〉自分だけが正しいと思わない「授力のいきかた」
どんな事があっても傲慢にならない
他者を尊敬し、他者を認めていく

自分1人では生きていけないと知っている
自分の幸福は他者の幸福と同時でこそ成り
他者や社会に貢献する事を目的に生きる

さてあなたは依存して生きていますか?
独立して生きていますか?
貢献しようと生きていますか?

（2013年12月）

【第弐章】中心に置くもの

何を、一番大切にしていますか？

国内、海外を問わず
悲しく、大きな出来事が続いている
果して、事態は悪くなるばかりなのか…？

その片隅で、見逃されているモノもある
派手な連日報道にかすんでしまうモノもある
果たして、将来はどうなるのだろう？

他の国よりも、自分の国
国よりも、自分が所属する会社
会社よりも、自分の家庭
家庭といえば、家族である
社会に襲いくる嵐は、とりもなおさず個人に荒れ狂う

あまりにも苦しく、逃げ出したくなり、行き詰まりとなって
確実に、それぞれ個人に迫りくる

政治も大切である
会社も大切である
仕事も大切である

それ以上に、家族が大切なはずである

止まれ現代人
社会の出来事に関心を寄せるのも悪くはない
しかし、家族への関心を忘れていては元もない
さてあなたは、今！何に一番関心を寄せ、
大切にしようとしていますか…？

（2001年10月）

自覚と他覚

今日一日を何気なく終えているのではないか
そして、何気なく次の日を迎えているのではないか
そう誰もが、その日の出来事に一喜一憂しながら…

しかもその時々において
誰もが、最善の判断と信じ生きている
それなのに誰もが、自分の人生に満足できないでいる

そんな人間は、1人では生きられない生き物
だから社会を作って群れて生きている
そんな人間社会の最小の単位は「2人」

孔子は、人が２人と書く「仁」を説いた
人が生きていく基本原則が「仁」ということである
その意味は「愛情を他におよぼすこと」である

「われ、日に三度わが身を省みる」と論語にある
〈１〉人のために真心こめ思いを巡らせたかどうか？
〈２〉付き合いに、うそ偽りはなかったかどうか？
〈３〉不確かな情報を人に伝えなかったかどうか？

私は、ここに「仁」の姿勢を見る
だから私は、自分の考え、見方に固執しない
だから私は、相手の考え、見方に思いを遣る

（２０１０年４月）

もう一度、吟味してみよう！

誰もが間違った判断などしたくない
だから、誰もが真剣に考えに考える
そして、誰もが最良の判断をくだす

勉強も仕事も育児も趣味も
1回しかない人生も
すべては、判断の積み重ね

小さな出来事は自分ひとりで
次第に大きな出来事になるに従い
誰かを探し相談を持ちかける

それなのに自分が判断していると
最後まで自分が決めていると
誰もが、少しも疑っていない

止まれ現代人
私たちは1人では生きられない生き物
誰かの影響を受けて生きている生き物

ということは
あなたは、相談した人の人生を生きているということ
だからもう一度、相談している人を吟味してみよう！

（2010年6月）

判断の妙

私たちが暮らす世は、人間関係で成り立っている
それは仕事関係にあらわれ
利害関係に集約される

そしてそれは
人の口から発せられた言葉で織り成す人間模様
その時々のその人の言葉そのものが人間模様

私たちの使う言葉には大きな特徴がある
「言った人は忘れ、聞いた人は忘れない」
故に、「辻褄が合わない」と思うのは他人

判断するその時、人は今を優先する
それは「過去を捨て、未来を消し去る」こと
だからこそ判断する時は今の言葉を鵜呑みしてはいけない

他の人がその人の言葉を再生している
「過去を生かし、未来をなぞる」作業をしている

その時炙り出されるもの、それは「過去と今の食い違い」
そして「未来に繋がらない今」

この作業を怠ると今スッキリ、先でガッカリ
まさに、「行きはよいよい帰りは怖い」

そう！　言葉の積み重ねこそ自分の人生

（2012年3月）

右左

人生は分岐点の連続
ある時は、人の意見で揺らぎ
ある時は、欲しい物にこだわる

いかなる時もどんな場合も
選べるのはひとつ
そして私たちは迷いつつも
どちらかを選ぶ

そのどちらを選んでも
メリットがあり
デメリットがある

そう、私たちの人生は
選んだものの積み重ね

私たちには、一方しか見えない
選ばなかった方は一生わからない

だから分岐点では迷い、惑う
迷うから、後悔が待っている
惑うから、苦しくなってしまう

さてあなたは目の前の右・左
何を基準に選んでいますか？

（2012年4月）

ですよね！

誰も、親を選べない
生まれる地域も選べない
生まれる国家も選べない

すべて用意されたもの
奇跡でもなく、偶然でもなく
生まれるべくして生まれ来た

私たちが知ると知らないに関わらず
太陽は東から昇り、西に沈む
波は打ち寄せ、引いていく

その中で、生きる私たちに
　選べる出会いはない
　望める日々もない

だからこそ無いものねだりをするのかも知れない
手に入らないと分かるからこそ望むのかも知れない

でもね、年老いたら全てを知ることになれる
　自らの人生を振り返ることができるようになれる
　その時すでに遅しと思うか、よくやったと思うか

果たしてやり直しができない日々を
悔やんで生きるか、笑顔で生きるか
その時、選択ができないのが私たちの人生
ですよね！

（2012年9月）

今に全力主義

今があるのは、昨日があったから
この今は、昨日から続いているもの
そんな今は明日に続く今となる

人は、昨日といい
　今日といい
　明日という

続いている瞬間のいつのことを指すのか
いくら「過去・現在・未来」といっても
ただ、それだけのことである

その証拠に
1年前の悩みを未だ悩む人は少ない
1年前の喜びを今も喜ぶ人は少ない

多くの人は、
昨日と今日と明日の3日で
人生を生きているようなもの
その3日間の実の姿は「この瞬間の判断と行動」

そんな今を悔やむと、明日も悔やむことになる
昨日を悔やむことになる

だから僕は「今に全力で取り組む」
常に、自己ギネスを更新するために
今の自分の能力を出し切るのだ！

（2012年10月）

過去は変えられる

「過去は変えられない」が、
「未来は変えることができる」
と、言い聞かされてきましたよね！

そして、「後悔先に立たず」
後になって悔やんでも取り返しがつかない
だから事前に注意しなさい、とも言われてきましたよね！

だから、だんだん自信が無くなってきましたよね
そんな状態で、いくら未来を変えられる！と言われても
ブレーキを踏み続けられているようなもの

だから僕はこう考えてきました！
「過去は変えられる」もちろん、「未来も変えられる」って

だってそうでしょ！
いくら失敗したって、今成功すれば
失敗は恥じることではなく胸を張れる失敗となるのです

今の生き方如何によって
過去の出来事は変えることはできないけど
その出来事の意味を変えることはできるのです

そのように僕は過去を変えてきました
当然にして、過去が変わるのですから
僕の未来もどんどん変わってきています

（2012年11月）

みんなと生きるために

誰もが幸せに生きたい
誰も不幸になりたくない
だから誰もが苦労する

その見えない苦労は見える問題となって
我が身に降りかかる

この問題の捉え方に人間性が現れてくる
なぜなら、問題はそう簡単に解決しないから
だから問題が「人生の分かれ道」となる

問題の捉え方がそのまま人間関係となり
問題の捉え方がそのまま幸不幸となり

問題の捉え方がそのまま人生を作る
降りかかる問題を他人事として捉える人
今の自分にふさわしい問題と捉える人
問題の意味が分かる人と分からない人

この違いが自信の度合いをつくり
その違いが人間性の違いをつくる
それは顔、身なり、素振りと現れる

同じ問題を繰り返すことがある
それは問題の根本が分かっていないから
だからいつまでたっても同じ問題で悩んでしまう
もうそろそろ解決に向かいましょうね！

（2015年6月）

一番中心に置くもの

誰もいない時
あなたは信号を守りますか？

誰も見ていない時
あなたはゴミを捨てませんか？

誰かが見ていても咎められない時
あなたはそれでも、規則を守りますか？

「いいえ」と答えた方
きっとあなたの職場
整理整頓されていませんでしょう？

毎日の生活
食事の時間は不規則でしょう？
もちろん、寝る時間も不規則？

そんなあなたの一番大事なものは
車？　時計？　趣味？　仕事？
間違ってもあなた自身じゃないでしょ？

僕が一番大事にしているのは自分
だから、食事・寝る事・靴・仕事
生身の身体を一番中心に置く生活を心掛けています！

だって僕の身体が全ての基だから…！

（2015年7月）

続・一番中心に置くもの

人は幸せを追い求める
だから、できるだけ良いものを
だから、できるだけ多くの物を

そのために金銭を追い求める
手段を選ばず追う

この世は貨幣経済
だから、誰もが金を求める
しかも、手段を選ばずに

「金」は、交換できる
「金」は、増やすことができる
「金」は、新たに手に入れることができる

しかし、しかしである
「時間」は増やすことも、交換することも、
新たに手に入れることもできない

身体もしかりである
「身体」は、増やすことはできない
勿論、交換も新たに手に入れることもできない

それでもあなたは
「金」の為に生きる勇気がありますか？
「金」を中心に置く日々を生きる勇気がありますか？

（2015年8月）

続々・一番中心に置くもの

自分の都合を押し通すことを中心に据え
自分の欲望を満たすことを中心に据える
誰もがそうだとしたら、この世の中はどうなる？

嫌なことはできるだけ避け
やりたいことだけ追い求め
それ以外に目もくれない

これで家族・社会は成り立つ？
それよりも個人は生きられる？

そんな多くの人たちの日々は
同じ金額ならできるだけ多くのモノを手に入れようとし

同じモノならできるだけ安いモノを手に入れようと努める
そんな人たちに対して売り手の会社は
同じモノならできるだけコストをかけずに作ろうと返し
同じ金額ならできるだけ多くのモノを作りだそうと返す
同じ仕事をするのなら誰も損をしたくないから
どこの会社もより多くの利益を手にしたいから

この世は鏡
自分の姿がそのまま映る
得をしていると無駄な消費をさせられている

中心に置くもの、大丈夫ですよね？

（2015年9月）

中心に置いたものを見る方法

心の中心に置いたものは、目で見ることはできない
なぜなら、触れないから

だからといって、無いわけではない
だからといって、有るわけでもない
いつも無意識に突き動かされている

こんなに矛盾する状態を、古の哲学者はこう言った
「心と身体は一体」であると

そして更に
自分がいる「環境と自分は一体」であると
二つに分けられるが二つではないと言った

その意味は
見えない心と現実は釣り合っている
今の現実が全てを物語るということ

自ら好きで、中心に置いた見えない想いは
瞬間瞬間に積み重ねられ、今となっている
気に食わなくても誰のせいでもない、自分のせいだ

そう、今の境遇は今の想い
心の一番中心に置いた想い
もしそれが嫌なら、夢見るのを止めよう!

（2015年10月）

ホワイト・ブラック、善・悪？

経営者においての関心
それは最大利益の獲得
社員と共に社業を回す

働く人たちの目的は自己実現
会社はそのための場
同時に会社は利益創出の場

全ての目的達成には手段が必要
会社における目的は利益の獲得
そして、その手段は社業の推進

社業の推進という目的の達成
その手段となるのが、ヒト・モノ・カネのやり繰り

「やり繰り」とは
あれこれ工夫して、都合をつけること
「つける」は差し障りを取り除くこと

その対象が、ヒト・モノ・カネ
ここで注意
ヒトが、モノとカネと同列にされている

モノとカネには心はない、しかしヒトには心がある
そして共に「都合の対象」
都合の対象には「ホワイト」も「ブラック」も無い

（2016年5月）

全ては、あなた次第

世間は、何をするかよりも
それが正解かどうかを問う
また後に生かせるかを問う

私たちに見えるのは過去と今
そして、選べるのはひとつ
だから世間はこう安心する

選択する時点でしっかり考え
一番良いと思える選択をすること
選んだ道をこれが最善だったのだと思えるよう
意志を持って進むこと
そうすればこそ自分が選んだその道が、本当に最善になると

またある場所では
選択したその選択が有意義であったと言えるかどうか
選択そのものではなく、その後どう過ごしたかにある

どちらにせよ、それでは今迄の延長線上の思考
それは、自らがコントロールできるという前提
そうやって、選択に悩む今があるにも関わらず

とまれ現代人よ、
選択するあなたのその振る舞いにすべてが含まれている
　そう選択とは、今の価値観で先の全てを決めゆく行為
　それは過去の経験で先を選び、今の経験で先を択ぶ事

（2016年6月）

「今の価値観」の正体

そもそも、価値観とは
何が大事で、何が大事でないかの判断の基準
そして、それは今までの生き方・経験の積み重ね

そんな過去の経験で心深く残るもの
それを私たちは、トラウマという
やったけど、ダメだった！等々

それは、トラウマ＝精神的外傷
今の心理に、大きな打撃となり
その後に、大きな影響を与える

このトラウマという過去の経験は
未来に対して顔を出してくる
もしダメだったらどうしよう！等

そして最も大事な今に顔を出してくる
そう、うまくいかなくて悩んでいる今
全てが、うまくいっていないかのように落ち込ませる

そんなトラウマを、知らず知らずとはいえ
大事にしまって、今を判断し、今を生きている
だから、いつまでも変わらない変われない

そんな今を、打ち破りたければ
今の価値観に、しがみつかない
自分1人で決めない、やらない

（2016年7月）

【第参章】自分自身に生きる

自分を大切にしていますか？

学校に責任があるから…と息巻き生活できる人
あの人のせいでこうなった…と、愚痴を口に暮らせる人
不景気のせいでうまくいかない…と、困りながら過ごせる人

あなたはそれでいいのですか？
つつがなく暮らすことができれば満足ですか？
実際の生活上に結果が出なくても満足ですか？

誰にとっても、人生は1回限り
今日という日も、1回限り
それは、何事も、誰にも、初めてのことばかりということ

そう！幼稚園も、小学校も、中学校・高校・大学も…
社会人も、就職も・転職・結婚・再婚・退職も…
そして、生まれたことも、病気することも、死ぬことも…

1回だけの経験の積み重ね、1回だけの日々の繰り返し
それが私たちの人生の実体である

ゆえに、自分の人生に嘘はつけない
人生、全ての人に正直である

現実は、嘘をつかないし
現実は、常に正直である
そう！　何を言ってみても現実を変えることはできない
それでもあなたは、眼前に迫る出来事、
中途半端にできますか？

（2001年3月）

2種類の人

ある人は、想いだけ
またある人は、気持ちだけ
そしてある人は、そこにいるだけ
そんな人の多くは、雰囲気だけを味わいその気になれる人

人には2種類の人がいる

　ベクトルを示す人・そのベクトルに従う人

わいわいガヤガヤと楽しむ人・
わいわいガヤガヤの楽しみの場を作る人

指示をする人・指示に従う人

世の中はこの2種類の人の組み合わせによって構成されている
そんな世の中とは、それぞれの集団、様々な基準を重ねたもの

要はどちらの人に属するのか？
どこの階層に属そうとするのか？
それが人生の実体だと信じる

そしてその進路は、今の生き方にある
自分らしい人生を生きるためには
今いる場所で勝つ以外にない！
今を避けないで、今から逃げないで全力で頑張る！
その今が、一番よい人生へと導いてくれるから

（2007年10月）

成功より失敗しない生き方

多くの人は成功を目指す
成功を目指して競争に明け暮れる
ひと時の勝利は成功から程遠いにも関わらず…

私たちの住む世界における成功
それは、行く末を見届けない限り判断できないもの
だとすれば、私たちの行く末はこの命を全うする時

だからこそ、失敗しない生き方！
そのために「心したい事」
それは、出来事・物事の見方、捉え方

〈1〉現在の状態だけではなく
過去・未来の流れで見る事・捉える事
〈2〉自分の立場だけでなく
周りの人たちの立場で見る事・捉える事
〈3〉繰り広げられる現象ではなく
出来事の核心で見る事・捉える事

多くの失敗は、今の自分に執着することから始まる
今の感情に流されることから始まる
今を満足しようとすることから始まる

さてあなたは、心地よい言葉に振り回されていませんか?

（2009年10月）

「苟日新、日日新、又日新」

中国の古典『大学』傳二章にある言葉
読みとして、

「苟《まこと》に日に新たに、日々に新たに、また日に新たなり」

意味として、

「日々に新しくなること。毎日、旧来の悪いところを改めること」

犬や猫は定められた道を歩む生き物
私たち人間も、定められた道を歩む生き物
そんな私たちの道は、昨日より一歩前進する今日を生きる道

誰もが持って生まれた宝物
誰もが持つ一日二十四時間
どんな時もちょうど二十四時間

昨日の二十四時間は使えない
明日の二十四時間も使えない
ただ今日の二十四時間を使うことはできる

この二十四時間の使い方に人間としての証がある
だから、昨日を悔やまない
また、明日を思い悩まない

ただ今日の今に全力を傾注させる
殷の湯王が、洗面器の器に刻んで毎日の自誡の句としたように
悪いところを改めることに全力する
日々起こりくる出来事に学び、新たな一日を創りゆく糧とせん

（２００９年12月）

取り返せない日々だから

挨拶ができない人がいる
挨拶をされて返せない人がいる

ゴミを捨てる人がいる
ゴミを拾わない人たちがいる

約束を守らない人がいる
約束を守らせる人たちがいる

どの場合においても
その人が生きてきた産物であり
その人の周りにいる人たちである
言葉だけが先行する世の中

お金だけが先行する世の中
どれも生身の人間がいない

欲に振りまわされ、人に騙され後悔し
二度とすまいと閉じこもる

それでも捨てきれない幸せ
喉もと過ぎれば、何とやら
今日も言葉で惑わされ、欲で迷う

だからこそ
その人の軌跡に裏打ちされた言葉を聞こう
その人の容姿に現れる雰囲気の質を嗜もう
誰もが、1回しかない人生を生きているから

（2010年7月）

過去に隠れるな、未来に逃げるな！

失敗したから、自信が無い
成功したから、自信がある
今を過去に置いて生きている

明日やるから、今日は終わり
今日、やらなくてもいいから
今を未来に先送りし生きている

過去にとらわれ過ぎるあまり
今現在を直視することを忘れ
右往左往して大事な今の判断を間違う

未来に期待するあまり
今現在を認めることを忘れ
今を浪費し未来の種を撒き忘れてしまう

さて現代人
　未来を創るは今！
過去ではない！
過去のせいにするのではなく、今に全力だ！
未来を引き寄せるは過去でなく今の努力だ！

（２０１０年９月）

成そうとするから成る

私は常に仕事に生命を賭けている
なぜなら仕事には、
関係する人の人生がかかっているからである
だから私は、
仕事に限りなく燃え続けるために日々を生きている

私は、燃えるために食べている
燃えるために鍛えている
燃えるために学んでいる

この地球上の生き物は全て
日々、生きるために闘っている
いや、生きるために闘うべきなのだ

そう、闘いとは努力である
自己への挑戦である
昨日の自分との闘いである

学校時代は80点で合格できる
しかし、社会では100点で当たり前である
いや、100点しか通用しないところが社会である

だから私は常に「より高く、より深く、より広く」生きる
1回しかない人生、闘うからには「絶対に負けられない」から

（2011年1月）

自分自身に生きる

どうしても自信が持てない
どうみても劣っている
どう考えても納得できない

本を開けるとあなたはできると書かれている
読んでいる時は安らぎがある、希望が持てる
しかし朝になると元の自分に戻る

頭では分かっている
でも現実に役に立たない
分かっているだけ自信がなくなっていく

このままではいけないと藁をもつかむように
また、本に助けを求め、都合のいい話に耳を傾ける

時には友達と時間を過ごし
時には恋人と時間を過ごす
でも1人になったらまた同じ所

これを繰り返す自分を好きになれない
どうすることもできない自分を許せない
そんな私じゃないはずなのに

そうあなたはそんなはずでない
ただ、そのやり方が違っている
そのやり方、あなたに届けます

（2014年5月）

続・自分自身に生きる

自分を嫌になっている人
自分を好きになれない人
自分を、認めたくない人

まず自分についての考え方、間違っていませんか？
自分って、自ら意識している私でないですよ！
自分はね、意識できる私に与えられている範囲

分かりやすく言うと
生まれた時から、自分の手の届く範囲のこと
それ以外のものは手にできない、ということ

それに比べて、「自己」はね
私を指す言葉

いわゆる、わたし私と思う存在

だから、勝手にどうにでもできるのです
だから、何とかしようと本を読んだりするのです
だから、読んで良いと思う人間に自分を変えようとするのです

でも、そうはならないのです
だってそうでしょ、届く範囲の物しか手にできないのだから
見える所にあるって分かったとしても手にできないのだから

そもそも、私たちは決められた素材として生まれてきている
だから生きるってことは、
その素材を十分に活かすということなのです
このことはどこの本にも書かれていない、
だから誰も分からないのです

（2014年6月）

自信を持とう

自信とは「自ら」を信じると書く
そう、自らが自らを

もうひとつは「自ずから」信じると読む
そう、自然と信じる

この違いに惑わされ
この違いに振り回され
この違いに、苦しむ

その違いは「みずから」と「おのずから」
「自分から」と「自然に」の違い

人＋言＝信

自分が発する言葉と
自分が取っている行動

この二つの関係
自と信が相反する
自と信が整合する

相反すると不信
すなわち、自信なし
整合だと、自信あり

さてあなたは、自信あり、なし
言ったことと、振る舞いは
合っている、合ってない？

（2014年9月）

【第四章】日本人のＤＮＡ

あなたが生きる環境

今まさに地球的に環境破壊は問題となっている
森林伐採による砂漠化
二酸化炭素による温暖化
科学技術文明による生態系の乱れ

どれをとっても深刻な問題である
だからこそ、多くの政府や非政府組織が運動している
しかし、だからといって改善されている様子はない

そんな私たちは、この国日本（環境）に暮らしている
意識するかしないかに関係なく溢れくる情報（環境）
それは、映像であり、音であり、印刷物である

大人も子どももも行き来する街並みに
無造作に出回る卑わいな情報（環境）
しかも朝から深夜まで、アナログからデジタルまで

一日の疲れを癒す一家団欒の家庭
そこにまで土足で上がり来るテレビという環境
無作法、無知、大食い等の演出をたれ流す

人をあざ笑い、なぶり者にし、さげすむ
あの姿をみて、どこの子どもが大人を敬う
悲惨なニュースを見て、誰が将来に希望を持つ

そんな国に暮らすあなた、大丈夫ですよね？

（2006年12月）

ペアレント・コンプレックス

呪縛する　（意識を）コントロールする
（精神を）縛る・拘束する・洗脳する
（思うように）操る・支配する

呪縛される　（～に）とらわれる・とらえられる・金縛りになる
（人形のように）操られる・支配される
（～に）縛られる・絡め取られる・自由を奪われる

幼い時、親に褒められたくて頑張った記憶ありますよね
親に叱られて涙を流し、悔しくて堪らなかった
ただ微笑が欲しかった、ただ安心できる時間が欲しかった

だから、親に言われることを素直に聞いてきた
親に言われたことの実現に、頑張った
できないことには、触れたくなかった

そんな日々の時間は重ねられ、大人となった今も残っている
誰かに褒められたい願望となって

昔は、褒められたい
今は、認められたい
昔は両親〜今は恋人

心の中で抑圧された心的傾向からの開放
それこそ、「人に成る」成人への入口
それは、心に根づく強い感情との戦い
あなたは戦い方、知っていますか？

（2013年7月）

日本人のＤＮＡ

日本には「春夏秋冬」がある
四季折々の、草花たちがいる
収穫の秋、自然は色とりどり

そんな日本は農耕民族と言われ
総じて収穫に標準を合わせている
四季折々に合わせての集団主義

お祭りも、お正月も
常に隣を判断基準に、落ちこぼれないように
いわゆる護送船団方式

そんな私たちの国に
外国人が戸を叩いた
仲良くしようよと

そんな外国の人たちは
強烈な個人主義の人たち
出る杭を伸ばす教え

出る杭は打たれるＤＮＡを持つ私たちが
出る杭を伸ばすＤＮＡの人を真似たら
私たちの生活はどうなるのだろう？

身体のリズムの調子は狂わないのだろうか？
心のリズムの調子は狂わないのだろうか？
そんな心配をしているのは僕だけ？

（２０１３年８月）

続・日本人のＤＮＡ

人は、幸せになるために学び
　幸せになるために働き
　　幸せになるために手にする

しかし、学べば学ぶほど上がいることに気づき
　働けば働くほど自分よりできる人に出会い
　　手にすれば手にするほど欲しいものに出会う

幸せになるために始めた学びが、新たな苦しみとなっている
同様に、働くことが苦しみとなっている

それでも多くの人たちは
もっと勉強すれば幸せになれると…

もっと働けば幸せになれると…日々頑張っている
頑張れば頑張るほど幸せは遠ざかり
いつかは力尽きてしまうだけなのに

スーパーマンのようになれるのは
アメリカの映画の世界だけである
アメリカンドリームは幻想である

日本には日本としての仕組みがあり
日本としての働き方があり生き方がある
日本人には日本人としての頑張り方がある
果たして私たちは
自分が日本人であるということを
分かっているのだろうか？

（2013年9月）

続々・日本人のＤＮＡ

この日本は、八百萬の神がまします国
七福神が一つの船に乗る国

それに比べ
「脱亜入欧」と、傾倒していった西洋は
キリスト教という、バリバリ一神教の国

そうです、黒船に乗ってきたのは
一神教としての、文化
それを個人主義という

それぞれの人が、神と交わした約束を守る
欧米社会はこの事実を基に信頼関係を築き上げている
神との約束を守らない人は、誰からも信用されない

個人においても社会においても最も大事なのは「神との約束」
だから欧米のアスリートは事あるごとに十字架を胸に印す
この生き方が一神教に裏付けされた「個人主義」である

間違っても「個人主義」は「利己主義」ではない
さて私たちが暮らしているこの国は、一神教の国ですか？

（2013年10月）

みんなで生きるということ

幸せも、平和も、どう群れるか

それは、個人と個人がつながる
　個人と群れがつながる
　群れと群れがつながる

その「つながり方」こそが文化
それを人は「行動様式」と言い
　「生活様式」と言う

どんな集まりも文化が中心となっている
組織の中心には、理念が据えられている
理念は、行動様式・生活様式と形をなす

すべては「つながる」ための方法
それは欧米社会のように、個人個人を中心におくか
我が日本のように、所属するみんなを中心におくか

その違いは雲泥の差となって生活に降りかかる
さてあなたが所属する会社は、組織はどうですか？

個人を基準にしていますか？
それともみんなが基準ですか？

それは、人間が目的か手段かの違い
それは、あなたが主役か脇役かの違い
それは、幸福・不幸を分かつ分岐点

（2015年5月）

第弐部

道しるべ――三十七年、経営で貫いて

【第壱章】和を以って尊しとなすのが日本

日本の文化と間人主義

現代社会は「評価社会」と言えます。幼稚園から始まり、大学・会社へ。会社へ入ってからは退職のその日まで、業績に追いまくられる。終わり無き評価人生です。

そこで重くのしかかってくるのが、評価による善悪・勝ち負け・高低等の「二極化」です。このような社会では、人々が内にこもるのも当然のことでしょう。失敗は評価が下がることにつながります。1人で悩まなくていいことも、他人に打ち明ければ評価が下がりかねず、心休まることがありません。社会における ほころびが個人に降りかかり、日常生活における鬱的状況をもたらしています。社会が、鬱病的になっています。

ところで、文化は人により形となって現れてくるものです。西洋に西洋の文化があるように、日本には日本の文化があります。人間は1人で二足歩行ができるのではなく、教育と訓練が必要です。そしてそれぞれの国には二足歩行のように、言葉を含め、社会全体で個人に伝える生活方法があります。個々人におけるそれらの総称が、それぞれの地域における文化と言えます。

その文化の基本が「個人」ではないところに、日本の特徴があります。狩猟により生活を成り立たせる西洋の社会が「個人」から始まるのに対し、稲作中心の農耕により生活を成り立たせる日本は、個人と個人との「間」から始めなければならないという事情がありました。人と人の間にある自然、すなわち農耕による収穫が、命を長らえさせてくれるという事実を見据えてこそ人は存在できる、という視点が日本の文化の基本となりました。

一年一年における収穫の状況が、そこで暮らす人間に直接影響します。その関係性が、日本人の生活の基本となりました。日本の文化を成している個人は、あくまで、自然の一部である農耕を中心とした、その周りに存在する人間という関係の、延長にあります。いかなる場合も自然を間に置いた人と人の繋がりが人の在り方を作ってきました。それが日本です。これは元大阪大学教授の浜口恵俊（1931―2008）が唱えた「間人主義」の、私なりの捉え方です。

だからこそ周りの人との関係を常に気にし、その関係の中に自分の在り方を見つけようとするのです。まさに「和を以って尊しとなす」とする間人主義、これが日本の風土文化です。この文化に則って私は会社を経営するのが一番と考えています。

利己主義に陥った個人主義

目先のことを憂いたところで、現代社会は良くなりません。何事も根からの解決を目指さなければならないのです。日本の特徴が西洋社会と異なり、文化の基本が「個人」ではないところにあるからです。とすれば、たとえば経済危機について、経済の面からではなく、現象の原因となっている西洋社会を成立させている西洋文化の骨格、「個人主義」の価値観から見ていかないと、違いも対処方法もわかりません。

ここでいう西洋の個人主義とは、私に言わせれば「自分中心主義」です。自分（自己）とは、意識や行為をつかさどる主体です。言い換えれば、自我です。この自我を英語ではｓｅｌｆと言い、ラテン語ではｅｇｏと言います。

確かに、個人主義と利己主義は別物です。しかし、利己主義の定義そのままに「自分の利益を最優先にし、他人や社会全般の利害など考えようとしない態度。身勝手な考え方」に、今の社会がなっていないでしょうか。個人主義が、利己主義（エゴイズム）の異名に成り下がっていると言っても、過言ではない状況です。

個人主義の社会では、個人が自由で独立する存在であるからこそ、同じ個人である他人は「自分の自由と独立を脅かす存在にもなる信頼できない個人」と映るのです。人は自分の自由と独立を確保し維持するために、自分以外の人たちを、自分を脅かさない他人という関係に固定すべく「契約」という制度を作り、ギブアンドテイク（妥協と譲歩）という互酬システムを作り上げました。

すなわち、西洋社会は、個人主義・契約主義・互酬主義という三大主義をもって成り立つ社会なのです。そして個人主義の骨格を成すものが「自助」です。この自助を成立させるために、契約やギブアンドテイクという道具が必要となります。この道具を使って個々人が自助の連携をするために集団化したもの、それが西洋社会の実態です。

その西洋社会で最も重んじられるのが、自助・自己責任・自己管理であり、これを個人レベルから集団レベルへと強めたのが国家です。その力を更に強めるため、国家間では条約（NATO等）を結んでいます。

そんな西洋社会の国々と、個人をベースにしていない日本は全く異なる国なのです。そのベースが異なる日本において、西洋の個人主義をもって国家運営を行っては、ほころびが生じるのは当然でしょう。

休みの日本的意味

あなたは、休みをどのようにとらえているでしょうか。

「休」という字は人が木に寄り添っています。木は自然の象徴です。ですから「休」は自然に寄り添うということになります。「だらけろ」「ゆっくりしろ」「横になれ」ではありません。今は日本人が欧米の価値観に染まった結果、「休み」が「安息日」になっています。しかし本来の日本では違いました。

たとえば春分の日と秋分の日は、太陽が真東から昇り真西に沈みます。亡くなった人の世界は西にあるとされ、春分の日と秋分の日は先祖への思いが一番近づくと考えられてきました。それぞれを中日とする各7日間を「彼岸」と呼んでいますが、彼岸は遊びでも休みでもなく、日本人にとっては仕事なのです。いつもしている仕事をいったん止め、先祖に対する仕事をする日なのです。

春分の日はぼた餅、秋分の日はおはぎを、先祖にお供えします。小豆の赤い色は魔を退治すると言われ、邪気を払う食べ物とされています。秋の小豆は収穫したてで新鮮ですから、おはぎは粒あんです。このような風習は、日本人としての伝統的な文化に根ざした生き方です。

春分の日と秋分の日は旧来、先祖を敬い偲ぶ日でした。私がここにあるのは、先祖がいてくれたおかげです。そして、私も次の人に、次の世代にバトンを渡しますと決意をする日でもあります。

今の世の中は、「さあシルバーウィークだ。休暇を使って遊ぼう」となっています。そうではなく、シルバーウィークだからこそ、お墓に行くのです。それが仕事です。行ったらまずは、お墓の掃除をしましょう。

休みにゴロゴロするのは、欧米社会の考え方です。欧米社会では労働は罪とさえ言います。欧米の労働観を真似して、日本でも週休2日が導入されました。しかし、日本はそういう国ではありません。

お金の価値観

日本人は日本人の生き方を本当にしているのでしょうか？　日本人というもの自体が揺らいでいませんか？

昔からの日本の考えでは、仕事は「周りへの貢献」でした。始業から終業まではみんなのために貢献しましょう、終わったら自分自身への貢献につながることをやりましょう、ということです。その意味で、仕事に休みなどありません。自分の心臓に休みがないのと一緒です。他人の生活に明かりを灯した分だけ、自分の生活も明るくなるのです。

お金がたくさんあるから、どうこうということはありません。欧米では金銭に価値を置きます。日本人はお金よりも、今という時を大事にします。お金は何かに換えたり、増やしたりすることができます。ですが時は他人に貸すことができません。物に換えることもできません。取り返すこともできません。使ってしまったら終わりです。

日本人はお墓を大事にし、先祖を大切にします。秋分の日に故人を偲ぶこと、それも仕事です。この故人を偲ぶことができるのも、太陽が真東から真西に沈む秋分の日、その時しかありません。それが日本人の考えです。「休」という字を使う休日が、なぜ木に寄り添う、自然に寄り添う日であるのかについて、理解いただけたでしょうか。

私たちは、歴史の最先端を生きています。これまで継続してきたものや、言い伝えられてきたものを大事にするということが、最先端に立って生きるという意味です。それを無視してしまうと、最先端ではなく、どこか別の所へ飛んでしまいます。

先祖は、私たちそれぞれに必ずいます。年に2回の彼岸には、先祖を敬い、感謝し、偲んで、先祖のおかげで自分が歴史の最先端を生きているのだと、しっかり確認してください。そして、私たちは日本人であるということを、あらためて自覚してください。

「私は正しい」は正しいか

英語圏では感謝するとき「サンキュー」と言います。「I」がついて「you」に感謝「thank」するのです。これは「私とあなた」という二元論です。一方、「ありがとう」と言う日本は、「有り難い」つまり「有ることはほとんど無いだろう」という出会いとして、一つでとらえます。感謝が出るのは、当たり前ではなく、有り得ないことに対する気持ちです。

勉強の姿勢で言いますと、欧米ではまず「自分」が主ですから、歴史「を」学ぶということになります。まず「あなた」を主にたてるのであれば、歴史「に」学ぶということになります。歴史「に」学ぶ姿勢があれば感謝が出る、歴史「を」学ぶと傲慢になります。その違いをわかっておかないと、何もかもが当たり前の世界になってしまいます。

当たり前の世界では、商品購入やサービス利用において、「お金を出すのだから当然」という考えになります。クレームはそこの足元を見ています。お金を出したのにやっていない、あなたはやって当たり前、あなたは私のためにやるべきでしょうと、傲慢な姿勢が出てきます。

二元論的になると、「私が正しい」「あなたが間違いだ」となります。その時、自分の正しさを証明するために「悪だから」と相手を攻撃してしまいがちです。正義は争いの元なのです。「正義のために悪を滅ぼさねば」とお互いが言い争うことになり、国レベルでいえば核兵器までいってしまいます。「正義がある」となると、「悪」にあたる相手を認めないことになります。そのような二元論は駄目です。悪も正義もありません。私たち日本人にとって、有り難いということは一体感、一元論です。

感謝の気持ちがあれば、周りにいるお客様、同僚、家族、友人を大切に思うことになります。お客様、同僚、家族、友人を大切に思うと、感謝の念が涌いてきます。私はこれを「いま・ここ・あなた」と表し、会社運営に取り入れ、実践しています。

感謝があれば「あなた」がある、「あなた」があれば感謝があります。「あなた」が無いと絶対に感謝は無い、当たり前になってしまいます。私がここにいられるのは、私と関わってくれるたくさんの「あなた」のお蔭です。「あなた」に喜んでもらえることをしよう、と思うのです。

「あなた」が無い社会

自分がしたいことをさせてくれない、ほしいだけのお金をもらえない、正しいことなのに会社が実行してくれない。会社員のそういう言葉を、よく聞きます。

株式会社は株主の利益の最大追及をする機関です。経営者は株主に配当金を払わなければならず、社員の方を向いてばかりはいられません。利益を株主に配当したら、次は誰が取りますか?そう、経営者です。だからアメリカの経営者は、莫大なお金をもらいます。

会社員が株式会社に提言や不満を言ったところで、なかなか通りません。「辞めてやる」と言ったらすっきりするかも知れません。ですが別の会社に行っても、同じ仕組みが待っています。

「あなた」が無いものの一つが、今の株主です。

もう一つ「あなた」が無い例を挙げると、コンビニエンスストアです。コンビニって、とても便利です。でも考えてみてください。「あなた」のことを本当に考えたら、何でも簡単に手に入るということを勧めるでしょうか？

書籍売り場では、仕事で成果が出る方法、というような本がたくさん並んでいます。世の中には表があれば裏がある。便利があれば、便利を作るだけの不便がある。「あなた」がいたら、光もあるけれど影もあるよと教えるのが、誠実で真面目です。でも成功する本には成功しか書いていない。コンビニに行ったら便利だけ、大変さを書いていません。

日本人が台所に立たなくなりました。一家和楽でご飯を食べる日が減りました。いかに子どもに苦労させないで育てるかばかり考えて、育った人間がたくましくこの世の中で生きていけるでしょうか。でもコンビニを便利に使っているでしょう、自分もそうされています。

成功する本に、裏の影のことは一言もない、日向ばかりです。読んだだけで成功するわけがありません。このような本では、表と影が必ずあるにもかかわらず、影の部分を何も言わず表だけを言っています。これは「あなた」が無い、無責任です。成功する本を読んでも、感謝は出ません。相手が、自分が成功するための手段になっています。

「あなた」がいる感謝の気持ち

これらは全て、二元論から出ています。結論的に言うと、感謝というのは「あなた」がいるからです。私は幸せだけどあなたは不幸、私が正義であなたが悪という二元論の考え方が無くなった時に、初めて感謝ができるのです。あなたと私、会社も家族も友達も、日本の国も、地球という同じ船にみんな乗っている、という考え方をすると、地球の裏側の人にも感謝できます。何かの時に出てくる言葉が、あなたのお蔭でできましたという感謝の言葉になります。

日本語は感謝の言葉しかありません。「もったいない」も、感謝です。「あなた」がいます。「お蔭さま」も「ありがとう」も「あなた」がいる。その日本語の元になっている心を忘れてしまうと、外来の価値観の餌食になってしまいます。

私は母から、目の前にあること、目の前にいる人を大事にしなさい、その人に喜んでもらいなさい、損得じゃなくあなたと会えて良かったと言ってもらえる生き方をしなさい、と言われました。だから私は社員たちに言うのです。「お客様に注文をいただけるのは当たり前じゃない、ありがたいことですよ」と。

仕事であれ、スポーツであれ、たとえ単なる話し合いであっても、今ここにあるもの、今ここに目の前にいる人に感謝し、喜んでもらえるよう行動しましょう。

日本的な会社経営

欧米では要素還元法といって、関係するものを一つ一つ取り出していって経営を組み立てるという手法が、早くから行われてきました。それ故、経営戦略や経営計画というものも出てきます。

欧米流経営の考え方は、利益を上げるにはどうすれば良いか、物を売ればいい、では物を売るにはどうしたら良いか、と一つずつ取り上げ還元していくので、人間を機能として見ます。何をどこまでできるか、それができるなら給料はこれだけ支給する、となります。社会に出る前の学生には、人間が幸せになるための一般教養よりも、専門的なことを身につけるように導きます。「あなたは何になりたいですか」と学生に夢を持たせて勉強させる、そして一つ一つの機能の部品にしていくのです。

何か新しい機能を身に付けないといけなくなったら、習いに行きます。習いごと自体が、お金儲けに組み込まれています。お金を払って技術をものにし、その技術をもって、要素還元的に作られた経営戦略・経営組織に当てはめられるのです。それができなくなった人は終わりです。海外で見られる「一強百弱」の世界で、百弱になるしかありません。

経営がおかしくなると、欧米流手法ではどう対処するでしょう。利益を出すには物を売らねばならない、売るには安い物・良い物を作らねばならない。そこに人間というコストが出てきます。リストラで黒字にすれば、目的達成です。日本でも、大手メーカーが希望退職者を募り多くの早期退職者を出しています。この方が簡単なのです。

ところが、思い出してみてください。日本を世界有数の経済大国に成長させたのは、日本的経営ではありませんか。それによって一億総中流になれた、幸せになれたではありませんか。一億総中流という日本の幸せを、私たちはもっと実感し、思い出さなければなりません。

その当時の日本では、企業はお金儲けではなく、貢献競争をしていたのだと、私は思います。子どもの教育でも、隣近所で声をかけ合いどんどん叱っていく、そのような共同体でした。ところが西洋から個人主義が入り、グローバル化が進んだ今日では「人を信用するな」に行き着いてしまって、今や近所の子どもに声をかけることすら難しくなりました。

私たちが今仕事をしていても、本来の日本らしさが殺され、欧米流が浸透しています。いくら働いても、一部の富裕層を作るだけ。一億総中流とは真逆の、欧米的な「一強百弱」化が進みます。持てるものは更に持つ、持てないものはいつまでたっても持てない、そんな現実です。

怠ける者ならそれは仕方がないでしょう。でも真面目に生きる人間が不幸になってはいけません。そうならないために、私たちが力をつけようではありませんか。和の精神をもって仲良くやっていこうという、日本人の生き方を今一度見直し、取り戻そうではありませんか。

人間は1人では生きられません。私たちはお互いを、みんなを必要としています。今できることに最善を尽くし、どこまでできるか挑戦してみましょう。それが日本における仕事だったのです。みんなで幸せになるための方法だったのです。そう私は確信しています。

欧米社会は個人主義、「I」が中心です。それが欧米由来のグローバリズムです。でも、私たちは日本に暮らしています。日本は農耕と収穫に標準を合わせた集団、間人主義の国です。大事にすべきなのは、周りにいてくれる「あなた」です。

あなたがいるから私がある、これが本来の日本です。「いま・ここ・私」という欧米流の観点に流れている世の中から、「いま・ここ・あなた」に、世の中の流れを変えていきましょう。人のために、感謝の気持ちを持って、今ここに私があるのはあなたがいてくれたからだという思いを、私たちの行動に込めていくのです。人に良いことは自分にも良い、自分に良くないことは人にも良くない。そういう選択を、生き方をしていきましょう。

日本は「世界最古の国」

日本は、沢山の世界一を持っています。1万1千年前という、世界最古の土（縄文土器）があります。創業300年を超える企業が数多くあり、なかでも世界最古の老舗企業といわれる金剛組（578年創立）があります。建築においては、法隆寺という世界最古の木造建築物があります。奈良の大仏は、世界最大のブロンズ像。正倉院は、現存する世界最古の博物館です。

私は、私たちが生まれたこの国が「世界最古の国」であることにこだわります。日本のように長い間同じ政体を維持している国が他に無いからです。

私は、「日本に生まれきたという誇り」と「侍の志」を持って会社経営に当たり、企業風土・文化を形作ってきました。「人の前に明かりを灯す」という理念がそれを表しています。そしてこの理念を体現する「明かり」となって存在できる会社であるように、また「灯す」ことに値する会社であるように、問い続け改善する日々を重ねています。

繰り返します。「和を以って尊しとなす」、この日本的な風土文化を、是非、大事にしましょう。常に感謝の気持ちを持ち周りを思いやる、日本人らしさを大事にしましょう。これが、みんなで幸せになる、唯一の方法と信じます。必ず、自分に返ってきます。

おつかれさまッ!

【第弐章】苦しい道を選ぶ

まずはあいさつから

人生を振り返ってみてください。夢と希望に溢れて進学したはずが、卒業する時にはただの人になっていた、というケース、実に多いのです。同様に、夢と希望を抱いて社会人になったものの、50歳になってみればただのオッサン、という人も山のようにいます。それは、その時その時の僅かな変化を「まあいいか」と無視してしまった結果なのです。

あいさつを例にします。「毎日あいさつを元気にしましょう」とみんなで決めごとにしても、実際に元気にあいさつする人って、そんなにいないものです。「このくらいでいいかな」と思ってあいさつをする人が多いでしょう。あいさつしないのは簡単です。自分が今まで生きてきた中で、元気にあいさつをしなくてはならないと分かっていても、「しなくてもいい」という環境の中にいたらそうなります。

「楽な方」を選択してきた自分は、あいさつを小さな声でボソっとしても何とも思わないことに、慣れてしまっているのです。この僅かな変化を知ることが重要です。この変化で、結果は大きく変わります。あいさつをするか否かで、3カ月後には全く違う場所に立っていることでしょう。

私は以前、姿勢の良い社員をずっと見ているうち、自分が姿勢を良くしなくてはいけないと思った経験があります。「こんなもんでいいか」とは思いませんでした。その後、お客様や周りの方に「姿勢がいいですね」と言っていただけるようになりました。今も、当時その社員と同じ姿勢になろうと心に決めた気持ちを、忘れないようにしています。忘れていると、自分に対して叱咤激励をします。

例えば、腰が痛い時があります。痛いことにより、どこか不自然な姿勢になります。腰が痛くないようにするにはどうしたら良いのだろうと、歩いている時、エレベーターを待っている時、考えます。

「歩いている時は姿勢が悪くてもいいだろうか」「仕事している時は姿勢が悪くてもいいだろうか」。私はそうした考えを直ちに否定し、姿勢を直しました。なぜなら、その時に直さないと、それは僅かながらズレになるからです。

私はやる。ただそれだけです。人間というものは、悪くなろうと思って悪くなるわけではなく、「まあこんなもんでいいか」という一つの甘い判断が、とんでもない自分、だらしのない自分をつくるのです。ダイエットして痩せてサイズが変わったからズボンを買う、当たり前と言えば当たり前のことです。その当たり前のことに気づくのが、難しいところです。

人は見た目が9割とも言います。その見た目を変える人か、変えない人かで、他人が見る目もそのまま変わります。日頃から行動規範を持っていない人は、持っていないまま生きてしまいます。

気分は曲者

「苦しい方と楽な方があったならば、苦しい方を選べ」と常々、社員たちに言っています。楽か苦しいかということは、実は気分です。そして、苦しい方の道というものは、やらなければならないことなのです。気分的に楽な方を選んで生きていくと、いつでも気分が良い方を選択するようになります。気持ちが悪いものは敬遠し、気分を害されるものは排除する、気分を害する人と付き合わない、気分が悪くなるところには行かない、そんな考え方になってしまいます。必要なことをする人間、することのできる人間から、自分自身が遠ざかっていくことになります。

気分は曲者です。だから私は「一点集中全面突破。目的を見ろ」と言います。目的に向かうために、自分が行くと選んだ道には、苦しい道もあります。苦があってこそ、楽があるのです。

気分で生きてみてください。楽なことばかりを優先するようになり、苦しいことは全て排除する、それを「ジコチュウ」と言うのです。人生を間違えてしまいます。

苦しい道をなぜ選ぶのか。楽な道は気持ち的に楽なだけであり、自分が選んだ目的にたどり着くためには苦しい道を通らなければならないのです。目的達成には、苦しい道を通るのは当たり前。それを気分で考えてしまうから、「これは嫌だ」と逃げてしまいます。「楽だけ」という人生はありません。楽だけしたい人は、楽をする人と一緒にいればいいです。

先輩から「楽をしていると、人生ロクなことがない」と言われました。「若い時に楽をするということは、年を取ってから相当苦労すると思いなさい」「人生楽あり苦ありだよ」「両方を自分が経験しなくてはいけないのが人生」「経験するなら若いうち、心身に余裕がある時に、苦しい方をやった方がいい」――。そう言われました。

その先輩は徳島大学の医学部生でした。「俺は医者になろうと思って勉強している。医者になるよ。なるまでは大変かもしれない。なったら一生、医者として、先生としての立場で生きることができる。俺は先に苦しみを取る」。そして医者になり、離島で開業医となりました。

先輩から教わりました。先に苦しみを選んだ方が良いのです。

人間と人間とがぶつかり合う社会において、気分的に居心地の悪い人間であったとしても、向き合わなくてはならない人はゴマンといます。その人たちと会わないように、会いたくないと思うことは、もうそこで気分中心主義、「ジコチュウ人間」なのです。

どうやったか、それが大切

目的を定めたら、その定めた時の自分と目的を一直線に結び付けましょう。そこから少しも離れてはいけません。「やめた方がいい、もっと良いものがある」「こっちの方が良いよ」「あっちの水がおいしいよ」と、誘惑する心があります。そんな気分、振り回されないことです。

「自分がまあいいだろうと思わなければ、こんなミスはしなかった」と反省できる人は稀です。普通の人は、ブレーキを踏まずにそのまま行ってしまい、「あの人はちゃんとしているように見えるけれど、結構いい加減な人だね」と言われて終わるのです。そのいい加減さを積み上げていくわけですから、今から3年もすれば「あの人には無理だよ」、5年もすれば「向いていないな」と言われることになります。それが入社後に始まり、何十年か経って30代40代になったとき、その人を分かつ原因となります。その小さなこと、一つひとつの積み重ねの結果なのです。

「まあいいだろう」「楽な方を選ぼう」「気持ちが良い方を選ぼう」といった安易な気分は、払拭しなければなりません。社会人には、お客様の人生、家族の人生が、かかっています。他人の人生がかかっている立場にいる人間が、あの人は腹が立つから、おもしろくないからと言って、どうして自分の気分を優先できるでしょうか。

大切なのは、気分で生きないことです。「何をやるか」ではありません。「どうやったか」しか残らないのです。仕事は誰でもできます。だから誰かがやったからといって、その人がすごいわけではありません。どうやったかが大事なのです。

世の中に出ている「成功した話」などの本は、読まないより読んだ方がいいのですが、読んだからといってどうにもなりません。当たり前です。成功した原因は自分では分からないものです。書いてあることは一つ。その人間が、気分で左右されなかったということです。

どの本を読んでも、一つだけ共通して「その人は、目的を明確にしてそこからぶれることなくその一点に向かって歩いた」ということが書かれています。何をやったかは無関係です。だから成功しない人は「あれもやった、これもやった」というのです。「失敗は成功のもと」という言葉は本当に正しいのでしょうか。「これをやって失敗して、あれをやって失敗しました」、実はそんな話なのです。目的を明確にしていれば、初めから失敗の道はないのです。

真実は「定めた目的に向かって自分は自分の生き方を貫いた」ということです。その生き方の貫き方に色々なものがあったというだけです。何をやるかは全く関係ありません。

仕事が変わったとします。「これは嫌だ」、そう思うことも気分です。仕事が変わっても、目標を定めたものについて自分が歩む道を真っ直ぐ歩むのであれば、どの仕事でも同じです。やればいいのです。何をやっているのかではありません。

私は若い時、下積み仕事を経験したいと考え、実行しました。新聞配達もやりました。警備もやりました。あるとき、イベント会場から駅までの間に、1人か2人しか通らないような道があり、そこの警備を担当するよう言われたのです。

警備に立ちながら「なんでこんなつまらないことを」と思っていました。それでも立ち続けました。自分が選んだ仕事だからやり通しました。すると責任者の方が、「ご苦労さんだね」と声をかけてくれたのです。それはものすごく嬉しいねぎらいでした。目立たないところにいても、分かってくれている人は分かってくれている、と感じたのです。

「青年は苦しい道を選ぶべし」。決めた道を進むのです。人間として、ぶれない生き様をしましょう。「ぶれない」ということは、気分に左右されないことです。志を立てたものについては、徹底的にその道を歩んでいくということです。

おつかれさまッ！

【第参章】理性の奴隷になるな

理性の奴隷になるな

苦しい道と楽な道では、苦しい道を選ぶべき――。そう思っていてもなかなかできずに、楽な道を選んでしまう人が多くいます。

楽な道を選んで後悔して、それでもまた挑戦する人がたくさんいます。「体調が悪かったから」「タイミングが悪かったから」と、自分に言い聞かせて自分を納得させることができる人です。だから同じことを何度もできるのです。

ここで、日新ハウジング広告の最新号に掲載した同タイトルの文章を紹介させていただきます。

理性の奴隷になるな！

私たちはよく後悔する
そう、きっとあなたも
でなければ良かった…と

その当時は完璧だと
これで間違いないと
石橋を叩いて渡った

その結果として、なんで
どうしてのこの繰り返し

これさえなかったら
悔しく涙を流した
人を恨みもした

これが紛れもない日常
自分の理性で判断し、日々生きてきた結果
そう、これまでいろいろ経験したからこそ分かる
信じていた「理性は当てにならない」ということ
では、何を当てにすればいい
それさえ分かれば…
理性の奴隷にならなくてすむ
さあ皆さん、一緒に日常を見つめましょう
後悔しない生き方を見つけましょう

（2016年8月）

理性は自分でコントロールできる顕在意識、感情はコントロールできない潜在意識・無意識です。顕在意識は意識全体の3～5％とも言われます。1割に満たない部分で考えていては、理性で分かっていることでも、なかなか実行できません。理性で生きようとしたら、人生は後悔の連続です。

潜在意識はあなどれない

潜在意識には、嫌な思い出や苦しみ悲しみといった、覚えておきたくないことが全て入ってきます。人は忘れる生き物だと言いますが、忘れるという字は心を亡くすと書きます。心が亡くなるということは、無意識・潜在意識です。潜在意識に沈んだ嫌な体験は、日頃は無意識層にあり上へ出てはきませんが、自分にとって良くないことや大変なことに遭遇すると、上がってきます。

メンタルブロック(※注)というものがあります。無意識層と顕在意識の間の、無意識層にある曲者です。これがあることで、今まで経験してきた数々の嫌な経験、苦しい経験は、良くないことと大変なことに出合ったその時に、混じり合いながら鎌首をもたげます。「やめた方がいいよ」「無理だよ」「また失敗するよ」と、無意識層の中でささやくのです。「今度こそ頑張ろう」と頭で考えて理性の世界で思っていても、順風満帆で何もストレスもない時は良いのですが、何かの時にメンタルブロックがぱっと働き、不安や心配や恐れや「無理だよ、できないよ」という気持ちが無意識に出てきます。「これやろうよ」と言われて、「できそうにない。どうしよう」と思う時があるでしょう。それがメンタルブロックです。過去の全部が混じり合って意識の境目のところに出てきて、行動にブレーキをかけるのです。

今まで「理性で考えている」と思っていたものには、実は、今までに経験してきた嫌なものが入っている潜在意識が含まれています。それを、無いものと思ってしまっているのです。

※注：(mental block) 感情的要因に基づく思考・記憶の遮断。人間が何か行動等を起こす場合に過去の経験などから「できない」「無理だ」と否定的に考えてしまう、意識の壁や抑止・制止思考について、このように呼ばれている。

悪い方だけでなく、良い方でも同じです。良かった嬉しかったと思ったことや感謝の気持ちも潜在意識の中に入っています。「これやってみよう」と言って「はい」とすぐ言う人は、メンタルブロックは働かずにストレートに「はい」と出ています。良い方の潜在意識のお蔭で、不安や恐れではなく、やる気や希望が出てきます。その潜在意識が、心根です。

心根の良い人、悪い人というのは、経験の蓄積です。騙されてきた人は、理性が信用しようとして「はい」と返事をしていても、汚れたメンタルブロックが鉄の壁のように強く働き、人を信用できません。顕在意識と潜在意識が分断され、信用していないのに「はい」と返事をすることが恥ずかしくなくなっています。

理性で物事を考えようとすればするほど、メンタルブロックの餌食になります。メンタルブロックは、今までの経験が、不安・心配・恐れ、有難味・感謝などとなって、良いも悪いも出てきます。理性は数％ですから当てになりません。

リオ五輪で体操の内村航平選手が金メダルを獲得しました。「あんな風になりたい！」と言った子どもたち、「あんな風に育てたい」と思った親御さんが大勢いるでしょう。ソチ五輪の時は浅田真央選手の人気で、フィギュアスケート教室に問い合わせが殺到したといいます。子どもを一流選手にするというテーマの書籍も出ています。

実際にメダリストになれるのは、ごく一握りです。理性は「ごく一握りしかいない」ととらえています。でも内村選手や浅田選手の演技を見た時は我が子を重ね合わせて見てしまい、その一握りになれるかも知れない気分になります。それが教室に問い合わせたり本を買ったりという行動に現れます。「人間は理性が全て」「人間は理性で判断する」と言われていますが、理性は当てにならないものです。

ではどうすれば良いでしょうか。

昔、「理由は要らない、とにかくやれ」と言われたことはないでしょうか。理由なきもの、意識なきものは、とても大事です。自分の意識の中でできることばかりしていると、意識の中に残らないものはどんどん下に落ちていき、生きれば生きるほど、潜在意識として心の底に沈澱するものが汚れていきます。メンタルブロックが強くなるから、変わることができません。人間は自分を納得させる方法を知っているので、余計に変われないのです。意識なきものにどれだけ変わろうとする思いを落とし込めるか、訓練するしかありません。

生まれたままの姿が美しい

では、人間が「変わる」とはどういうことでしょう?　自分って、変われると思いますか？　性格は変われるでしょうか？

「自分」「性分」という言葉があります。繰り返しになりますが、自分の「自」を「みずから」と読むと「自分から」、「おのずから」と読むと「自然に」という意味になります。

「性《しょう》」というのは、本来的に変わらないものですから、「器」にあたります。整形は理性で器を修正し、きれいになろうというものですが、生まれたままの姿が美なのです。それぞれの人には他の人と異なる器があるのです。その器は、それぞれに意味がある、欠点も利点も含めた「特性」なのであって、生まれたままの自然な器が一番美しい。器を修正してきれいになろうという、自らの否定は、現代社会における理性の肥大といっていいでしょう。

自分が「変わる」というのは、器の修正や着飾ることではなく、実は「器に何を入れるか」ということなのです。1人1人の性分、器は、生まれながらにして美なのですが、この美が、入れるものによっては、美でなくなってしまいます。

秋田県の玉川のように川に酸性の水が流れていたら、生き物のいない死んだ川になります。平成に入って中和事業が行われ、川はきれいになりました。きれいな水が流れていれば、魚が泳ぎ、人が遊びに行き、蝶が舞う、豊かな川となります。川は器であって、流れるもので価値が変わります。

つまり、自分というものは、器に入れるもの次第で変わります。理性は数％で、あとは潜在意識にある過去の経験ですから、いい経験を積み重ねていかないといけないのです。

私は若い頃、塾で子どもたちを教えていました。良き人間を育てるには、根に養分をやり潜在意識に働きかけることだと思います。子どもにきれいな花を持たせ、優しい言葉をかけるのです。温かい言葉、良い音楽、安心できる言葉、きれいなものの豊かなものの余裕をもてるものに接するようにすることです。足し算や漢字は後天的なもの、数％の理性の世界。頭が良くたって人を信じられるようにはなりません。信じることができないから、数％の理性で覚えた知識を、悪いことに使ってしまったりするのです。「あなた」のためでなく、自分のために全部使ってしまうのです。

夫婦喧嘩を子どもの前でするなどもってのほかです。怒られている子をかばい、悪い言葉を耳に入れないようにすると、素直な心根で人の声を聞くことができる子になります。人間って信用できるものだと思えることが、社会で生きる上で必要です。

愚痴・不平・不満・文句・言い訳はやめましょう。豊かな人間関係ができず、心根が悪くなります。理性が問題ではなく、心根が全てです。職場では隣の人にきれいな言葉をかけましょう。掃除も然りです。人にも物にも環境にも、良い接し方をすることで、自分の器に美しいものが入ります。入った時に初めて、僅かしかない理性が、生きてくるのです。

９割は無意識ですから！　何を入れるかが大切です。それに自分が気づかなければ、努力だけでは必ずしも実りません。欲望や感情に押し流されて暴走し、後悔する人生になりかねません。器は昨日も今日も明日も変わりませんから、今、何を入れるかです。日々自分が体験するものの良し悪しが肝要です。今入れたものが、無意識層に落ち込んで、ずっと続いていくのです。

今という時、ここという場所、そして自然から作られた最も美しい形の「あなた」。何を入れるかが問われています。愚痴・不平・不満・文句・言い訳はやめましょう。「ありがとう」を言いましょう。見えるところだけでなく見えないところで支えてくれている存在にも感謝し、掃除であれば、電話機の表だけではなく裏も拭きましょう。その心根が美しくなります。見えないところも掃除していくその心が、何を入れるかの「何」なのです。

ぜひ今から実践してください。

器に良い言葉を流し込む

潜在意識には周りからどんどん、悪いものが入ってきます。隣に言い合いや批判や嫌味があれば、聞こえたものが皆入り、溜まっていきます。私が思うに、溜まった悪いものを取り除きたくても、無くすことなどできません。そこにずっとあり続けるのです。

できることは、悪いものを入れないことと、きれいなものを入れることです。そういう環境を作るしかありません。

きれいなものを入れていくと、悪いものは下に沈殿し、押されて小さくなっていきます。隠れるだけで、悪いものが無くなってはいませんから、犬が尾を踏まれるように、何かポンってされると、心がガーっと動き、沈殿していた悪いものが上がってきてしまいます。悪は強い、本能に近いものだから上がってきてしまうのですね。そして混じったり、逆転を起こしたりします。

隣に悪い言葉があれば、無意識の中にその言葉が入り込んできます。優しい言葉や思いやりなど、良いものは自ら進んでいかないと入らないのに、マイナスの言葉は自然に入ってきて、無意識層の中のネガティブな部分を作ってしまいます。それは何かのことあるごとに、メンタルブロックとしてドーンと上がってきます。

私は「ありがとうと言おう」「心を込めてやっていこう」と社員に毎日のように呼びかけています。隣の人が何か言うと、聞くまいと思っても必ず聞こえてしまいますから、良い言葉が聞こえる環境にするのです。命は反応します。

ネガティブな言葉が聞かれる環境では、悪いものがどんどん入ってきてどんどん沈殿して、嫌だなという気持ちになります。それがメンタルブロックを形成します。あの人嫌だなぁ。あそこに行きたくないなぁ。メンタルブロックで出るのです。隣の人にマイナスの言葉を言わせてはいけません。環境を良くしていかないといけないのです。

隣の人をちゃんとしない限り自分はよくならない、自分だけ違うと思っていても必ず耳に入る、類は友を呼ぶのです。ですから高級住宅街、いい学校、会員制クラブを見てください。同じような基準の人たちと過ごすためにそれなりの費用、コストをかけてそのメンバーになるのです。会社では、どういう人間が会社に多くいるかによって、会社が決まってきます。「ありがとうと言いましょう」と繰り返して言っているのは、そういう場をつくるためです。隣に良い言葉を発する友をもち、自分が発することが大切です。

きれいなものを入れて悪いものを小さく押し潰し、何かの拍子に出てこないような環境にしていくのです。それを会社については社風と言い、会社にいる人間の「らしさ」と言います。人ではなくまずは自分です。どんどんと良い言葉を入れていく。いい言葉を発していく。頭にくることがあっても、頑張りましょう。

目標があるのは何のため

目標について、忘れられないエピソードがあります。「今月の数字を上げると来年の今月が苦しくなるからほどほどにします」という社員がいました。今まだ何もしていない段階で、今月やれば来年が苦しくなるからしない？来年を気にして今を犠牲にする生き方って、無いでしょう。しかも翌年にはその人はいませんでした。明日のために「今」を犠牲にしてはいけないのです。

会社で目標というと具体的に数字を挙げるのが一般的かもしれませんが、私は、自分の中に秘められた授けられた能力を最大限に発揮することが大事だと考えています。数字も決めごとも、自分の中の能力をより発揮していくためのものであり、その一つが目標であるという考えです。目標に向かって、秘められた能力を最大限に発揮していこうという、一つのきっかけになるのです。

目標を達成したという喜びと、自分の能力を最大限に発揮したという喜びは、全く違います。数字の達成は、追求すればするほど、後が続かなくて苦しくなります。能力は、開発すれば開発していくほど、数字がついてきます。自分の持てる力以上の結果は出ませんから、目標・制度・道具・システムなど全てを自分の能力を開発するためのきっかけとして生かし、能力を最大限発揮していくよう努めるのです。

自分の中に秘められた能力を最大限に発揮した時、一体どうなるのでしょう？　1人の人間の持つ力は、どこまで偉大になれるのでしょうか？　その大きさを見たいし、証明していきたい。

人間は未来へ向かって生きることに対し、必ず不安を持っています。未来の先には誰しも死がありますから、人間は不安を持つ生き物なのです。しかし、生まれてきたことには必ず意味があり、宇宙の中に意味のない物は存在しません。

「自分」ではなく、生まれてきたという「この人生」に対し、何を期待されているのでしょうか。それは秘められた能力の最大限の発揮にほかなりません。能力を生ある時に最大限に発揮した時、人は大往生すると言われています。

「今」に全力を尽くすのです。たとえ明日はわからなくとも、「今」をしっかり生きることです。今自分にできることを最大限に行う、その姿勢を維持するために「目標」があります。

目標の向け方について、もっと具体的に考えましょう。たとえば、会社の売上の半分を占めるお客様と他のお客様、接し方はどうでしょう? 発注いただいた仕事を完ぺきに遂行する、それはどのお客様に対しても一緒です。そして5割を支えてくれているお客様に対しては、そのことへの感謝を込めて接するのです。

味はまずくはない程度でもいつも声をかけてくれるお店があったとします。おいしい料理を出しても何も言わないお店と、どちらに行きますか？ 声をかけてくれるお店に行きませんか？ 理屈じゃないのです。人間の発注行為には理性だけでなく、感情や気分も伴います。物理的な点では、どの仕事も最大限に取り組むのですが、お客様が気持ち良く発注できるように、こちらの思いを込めるのです。

判断や選択には、感情が入ります。理性でこうだからこうした方が良いと判断してその通り生きていけるなら、人間は皆とっくに幸せになっています。気分で動くから、幸せになる人が少ないのです。タバコが好きな人は体に悪いと分かっていても何かの理由をつけて吸い続けます。理性で判断してはいないのです。

売上5割に満たないお客様にも、たくさんの思いを込めます。どこの誰々さん、と思いを明確にして、1人1人に、自分の感謝や思いを込めた一言を発します。いつか何かの時に、お客様に思い出していただけるのではないでしょうか。

第参部

できる人──三百年、「今」をつなぐ

【第壱章】できる人はやる

できる人はやる

店員の態度が悪い店があったとします。

自分がお客の立場の時は、「黙って行かなくなる」行動をとります。ところが自分が社員としてお客様と対応する時には、それを忘れがちです。お客様が黙って来なくなると、その商売は繁盛しません。

しかし、「黙って判断し行動をしますよ」というお客様と一緒の考え方で商売をすると、繁盛します。お客様と考え方が一体となっていて、同じだからです。このようなお店だと、お客様は自分自身でそのお店の良さを確かめ、商売をする人も信じます。このため、そのお客様はまた来てくれるのです。

お客様を迎える側に立った時に「当社の実績はこうです！」と言って、昔の良かった実績を声高に言っても、そのような商売が上手くいくわけがありません。〝今〟が勝負です。「今に生きる、今に全力」なのです。

皆さんは世の中の流行をどう取り入れますか？　流行に乗らずに生きられますか？　世の中が変わったと感じて流行を取り入れるということは、自分そのものはそのままにしておいて、さも自分が流れに乗っているかのように相手に思わせ、自分もそのように思い込む方法です。流行のものを手にすると、変わらない自分をカムフラージュし、自他ともに錯覚できるのです。世の中が変わっているのならば、自分も変わらなければ置いていかれてしまうのですが、なかなか自分は変えたくないものです。

人間の考え方はだんだん固くなります。体の中で一番柔らかい頭もカチカチになって固まっていくのです。その一生の変化を物理的に見たものが「年齢」です。年齢を重ねるごとに脳の細胞は少しずつ壊れ、思考能力が低下し、考え方が固まっていきます。世の中が変わっている、流れていると分かっているのに自分は変わらない、変わらないでいられるようにあらゆる手段を用いる、というようなカチカチの頭になっていきます。

ビジネスの世界では、年齢を「実質の肉体的年齢」と「社会的年齢」に分けています。社会的年齢をビジネス年齢と表現するところもあるでしょう。

社会的年齢は、社会人になった時が1歳です。そしてたいていすぐに実年齢に追いついてしまいます。入社3カ月くらいまでは初々しく、元気いっぱいにあいさつしますが、半年もするともう実質年齢になってしまい、勤続10年も20年も、6カ月の人も1年の人も、同じに見えてしまいます。

即実行！　今に全力！

セブン―イレブンを見てみましょう。どれだけ新商品を投入していますか。どのようなお客が何時に何を買ったか、販売管理システムで徹底的にマーケティングしています。どの店でも同じ商品が売られていると思ったら大間違い、コンビニはどんどん扱う商品が変わっています。

変わるのが速いセブン―イレブンから、日本のビジネス界をリードしている人間がどんどん出ています。セブン―イレブンは変化というものに敏感で、変わり続ける社会・変わり続けるお客様の要望に的確に答えていく会社です。

商品揃えを変えているのです。セブン―イレブンが商品を変えるためには、商品を何に変えるかという現場の知恵と、商品を仕入れて実現させていくスタッフと、それを運ぶ物流とが一体にならないとできません。1人でも「今売れているじゃないか。変える必要はないよ」という人がいたら、どうでしょう？

セブン―イレブンで働いている人には、40代、50代の人もたくさんいるでしょう。でも恐らくビジネス年齢は若く、頭も感性も青年なのだと思います。だからあれだけ競争の激しいコンビニエンスストア業界で、過去の実績ではなく、今を黙って判断するようなお客様をここまで惹きつけているのです。セブン―イレブンもお客様のそういう黙って判断し行動するところを熟知しているのでしょう。そして「それに負けないくらい私たちは変化を感じ取ろうじゃないか、お客様の要望を感じ取ろうじゃないか、それを満たしていく商品を作ろうじゃないか」と努力し、実行しているに違いありません。

実年齢ではありません。ビジネス年齢が様々な現象を作っています。「まだ変われる」という会社・職場は「まだ青年」です。ビジネス年齢を若く保ち、会社を作り変え続けていけたら、素晴らしい。その見事なお手本が、セブン―イレブンといってていいでしょう。

会社は利益を出さなければ存続できません。10円のものを10円で売っていては、売っている側の生活が持ちません。そこで売値に利益を乗せることになります。利益を乗せるということは社会に貢献しなければなりません。社会に貢献することがないのに原価10円のものを15円で販売しても誰も買ってはくれません。その評価は、お客様が持っています。

仕事をすぐにしなかったらどうなるでしょうか。すぐしないと、時間はコストですから、本来10円の原価を、11円、12円、13円…と上げていることになります。仕事の流れが止まれば止まるほど経費がかさみ、結局は10円のものを15円で仕入れることと同じ状態になります。1人が止めれば1日で10円のものが11円になり、2人が止めれば原価は12円。でも売値は変えられません。

変えられるのは経費だけです。経費というのは会社のやり方です。1人でやるか、2人でやるか、それだけは自分たちで変えることができます。すぐやらないということは、経費を使い、原価を上げることです。損失を出してしまいます。

長い会議も、原価を上げています。会社で何かをすることは全て、原価を上げる要因です。什器を新調する、システムを入れ替えるといったことだけが経費を使っているわけではないのです。

会社の中にいるだけで経費を使っていいます。目には見えないのですが、一番経費がかかっているのは、時間です。すぐにやらなければ経費がかさむのです。会社だけでなく、自分の家も、自分の人生も同じです。やるべきことをそのままにしているということは、そこに経費が重くのしかかっているのを知覚しておかなければなりません。

人間の生活も会社の経営も、収入と支出のバランスが重要です。そこで見逃しがちなのは、会社や家庭というものは存在するだけで経費がかかるということです。お金の多い・少ないが幸・不幸ではありません。経費の使い方、すなわち時間の使い方で幸・不幸は決まるのです。

経済活動は生きるということです。家庭も自分個人も会社も、経費がかかっているのです。だから処理は早い方がいい、間違わない方がいいのです。これが経費を使わないということです。

売値は同じ。いただくお給料も同じ。変えることができるのは、経費ということであれば、幸せな人というのは、収入と支出のバランスを自らコントロールできる人ということになります。豊かな人はもらう給料に関係なく豊かです。たくさんの年商を上げている会社が豊かな会社、というわけではありません。

大企業でも急に潰れることがあります。全ての鍵は生き方にあります。売上は変わらない、ならば経費をいかにして使わないで運営していこうか、という方向性で会社が仕事を進めているときには、「これをやりたい」「このやり方が私には合っている、だから変えないで欲しい」、という人がいるとしたら、バランスをどうとっていくかも大事になります。だから経費削減のやり方が大変になるのです。それをうまくバランスさせ、実現するのがマネジメント。分かっていない人には、気づかせなければなりません。

物事には時というものがあり、「生きる」ということは時を習うことです。習うという字は「繰り返し行って身につける」意を表します。

人類の歴史は時を習う歴史の積み重ねといえるでしょう。人生も然りです。だから私は社員に対して分かるまで言います。分かってくれない人がいる会社の運営をうまくやる方法はありません。

同じ人間である限り、その人が分かる瞬間が必ずあります。その時を彼が習うために何をすればよいか、私は誠心誠意向き合います。その時に相手が変わるのです。分かってくれるのです。

「早くやらなくてはいけない」ということは、経費を使っているからです。

人間個人の人生に当てはめてみても、私たちの中にある有限のものを使っているのです。会社も家庭も個人も有限です。有限のものをいかに使うかが大事です。

【第弐章】できる人は押さえる

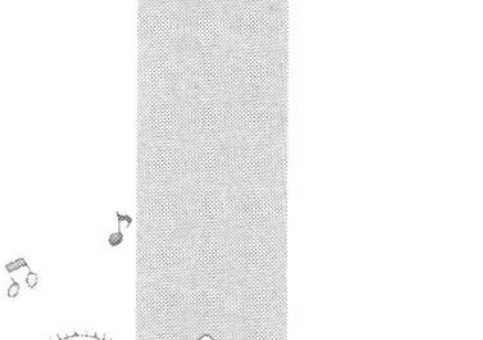

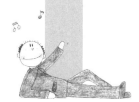

できる人は押さえる

人は誰でも良い人間として評価されたいと考えます。では、どうすればそのように評価されるのでしょうか。

学生時代のことを思い出してみましょう。学生時代に評価されるのは比較的簡単です。成績が良ければ良いということです。勉強ができれば、良い人間として評価されます。学生時代の「押さえなければならない点」は、勉強だと言えます。

できる人には3種類の人がいます。押さえるべき点を直感的に押さえられる人と、与えられた課題を黙々とこなしてたまたまできてしまった人です。さらにもう1種類の人もいます。押さえるべき点がわかっていても、言われたことをやっていてたまたまできたような人と同じ評価を受けるのが嫌だと思って、あえて押さえるべきことをしない人です。

第3の人種は、昔は「バンカラ」と呼ばれていました。そういう人は学生時代にはあまり光りませんが、反骨精神があったりします。羽目を外して勉強しない人と一見同じように見えても、全く違います。以前はパンクロックをやっていた、ヤンキーをやっていた人で、今はしっかりと職業に就いている人が、世の中にはたくさんいますが、そのような人は、同じ評価で見られるのが嫌な人たちだったのではないかと思います。

学生時代は、押さえるべき点が明確に示されている時期です。勉強です。学生時代にきちんと押さえられた人は、社会に出てもすぐにそれができます。学生時代に押さえるべき点を探し出せなかった人は、社会に出てから苦労します。学生時代に言われたことをやってたまたま勉強ができた人も、社会に出たら鳴かず飛ばずという例があります。学生時代には明確に示されていた押さえるべき点が、社会では明確に示してくれないからです。学生時代には勉強ができて、良い人間だと評価されていても、社会に出たら評価されない、そのからくりはここからきています。

学生時代の勉強は答えを言ってもらえるので、繰り返し答えを出して学ぶことができます。百回繰り返して、ようやく自分のものになる、そういう可能性があるのです。継続していかなければ、自分のものにはなりません。勉強ができるというのは、自分で答えがわかって練習問題が解けたという証です。良い成績がとれないということは、練習問題をしていなかったということです。

学生時代に言われたことを信じてやってきて良い成績がとれたのに、社会に出たら学生時代のようには評価されない、という場合は、学生時代にはたまたまできていたのだと自覚するべきだと思います。もし押さえるべきところを正確に押さえられるのなら、学生時代に評価されたように、社会に出ても評価されるはずです。それは訓練を反復練習してやってきて体得できたというだけの話です。

社会で頭角をあらわすのは押さえるべき点を明確に押さえられてきた人たちです。そしてその中には、学生時代に結果を出す人間と、意図的に結果を出さなかった人と、2種類の人がいるわけです。社会では、押さえるべき点が明確に示されないまま勝ち組と負け組に二分されてしまう、残酷なものです。

学生時代は、押さえるべき点がどこなのか自分で探す訓練期間です。その間に訓練を怠った人は、人生全体において費やす努力に対し、全く割に合わない評価しか受け取ることができません。

勉強とは直接関係はありません。学生時代の一つの見方として勉強があるだけです。

お客様への感受性～努力の次なるステップ～

私たち社会にいる人間が今、押さえるべき点は何でしょう。「押さえるべき点がある」「できることを全てやればいいというわけではない」、そこまでは誰でも気が付きますが、その先が難しいのです。ですから世の中には、「まじめに努力すればいいというものではない」という言葉さえあるわけです。

押さえるべき点が見つけられないのは、訓練を受けていないからです。受ける機会が無かったのなら、機会を自ら求めれば良いのです。たとえば、学校の先生に言われたとおり努力をして、学校の先生になれたとします。しかし、学校の先生になったのはゴールではなくスタートです。その後は学校の先生同士で評価がなされます。押さえるべきことを知っている人と知らない人との評価の差が出てきます。それは他の職業も同じでしょう。

では社会人が仕事をしていく中で、押さえるべき点とは何でしょう。自分が属する業界にとって何が大事なのかがわからなければ、お客様に満足いただける必要な商品やサービスを提供することはできません。言われたことをやればいいという、いわば作業をすることが、お客様を理解することではないのです。これは、押さえるべき点をわかっていない振る舞いです。

仕事において社員が押さえるべき点とは、お客様が「どのような業界に属するのか」「どのようなやり方をされているのか」「どのような立場にいらっしゃるのか」「どのような悩みをお持ちか」を的確に知ることに尽きます。お客様を理解するために、私たちはこれらへの感受性を養わなければなりません。それにより初めて、その道のスペシャリストとして働くことができるのです。感受性を養い、押さえるべき点を押さえ、専門職をするのです。

感受性とは、相手が今何をしていて、どんな立場で、これから何をしようとしているのかということ、お客様がどういう業界で、その業界にはどういう評価体制があり、法的には何があって、行き詰まりを解決するのは何なのか、感じることです。もし広告で良い仕事をするなら広告の勉強をしなければならないですし、デザインの勉強もしなければなりません。仕事が大手と競合することもあります。勉強が必要です。

もちろん努力は必要です。ですが、押さえるべき点を押さえないと、努力が必ずしも良い結果につながらないでしょう。押さえるべきことを正確に知るには、知るための勉強をします。「強いて勉める」のです。学生時代に訓練をしてこなかった人は、より「強いて勉める」必要があります。言われたことだけをやるのではなく、しっかりと自分の置かれた立場で、押さえるべき点が何なのかを考えなければ、成功する確率は決して上がりません。

同じ努力をするならば結果の出る努力をしようと、自分のやり方を総点検し、もう一度自身の仕事を組み立て直すのです。会社には売上を上げなければならないという面がありますが、社員が成長しそれが会社の成長になってほしいと、私は思っています。毎日の積み重ねが、5年、10年経って、色々な成果をもたらします。社員は、日々努力していると思いますが、その次に必要になってくるのは、押さえるべき点をしっかり捉えることなのです。

これまでの日本は一億総中流と言われ、国民全体が中流だということを意識できる国でした。しかし今は西洋に近づき、裕福な人と裕福でない人に二極化しています。今後も二極化の進行が不可避です。その中で生きていかなければならない日本社会であるからこそ、押さえどころがより重要です。それがわからないと、努力のしようがありません。

押さえるべき点を押さえ、専門性を持ってお客様と話をしていくことができるパートナーの道を選ぶか、感情を押し殺してただ言われた通りやっていくだけの徹底的な下請け作業をする人間になるのか。そのくらい厳しい時代に日本の社会はなっています。どちらを選ぶかは各人の選択ですが、どちらの道を行くにも「強いて勉め」なければなりません。ならば、押さえるべき点を押さえながら前者の道を目指しませんかというのが私の提案です。

【第参章】できない人は論ずる

できない人は論ずる～私の経験知～

私は会社を経営していますから、経営書というものも数多読んできました。もちろん経済学博士の論文を執筆するうえでも、多くの論文や文献を当たってきました。その中で、経営計画の本には、2種類があると気づきました。一つは、税理士や年間契約で動く業種の経営者が書いた本。もう一つは、コンサルタントが書いた、論じているだけの本です。

コンサルタントがもし実体験に基づく経営力を持っているなら、コンサルティングではなく、自分が経営をしているでしょう。自分ができないから、経営者にならず、経営上の知識を仕入れ、できる格好をして大勢の人に論理を説いて儲けるのです。

大勢を引き付けるのは、無責任な甘い言葉です。経営者の考えを肯定してあげて、心地良くさせてくれます。そのテクニックに、乗ってはいけません。

実践で得た経験が無ければ、書籍やインターネットや講演で仕入れた誰か他人の言葉を使って、論じているだけのこと。言われた通りにやってできはしないし、コンサルタントができない責任をとってくれるわけでもないのです。

飲食店や小売店などの水物商売をしている人が、そのような書籍を読んで、或いはコンサルティングを受けて、それらを鵜呑みにして経営計画を立てたら、計画通りの収支になんてならないですし、潰れてしまいかねません。

一方で、できる人はコンサルタントにはなれません。心地良くさせるような誤魔化しは言いませんから、顧客とぶつかり喧嘩になります。

できる人は、やれる人です。やれない人が、自分ができないことを、できる人を見たり、分析したりして、論じるのです。やったことがなくて分からない人、できない人が、分析して組み立てたものは、オリジナルとは別物と言っていいでしょう。できる人の言動を研究して、できない人が伝えられるのはせいぜい8割。伝えられない2割の方に、大事なものが詰まっています。だから別物になってしまいます。

論ずるだけのコンサルタントと違い、素晴らしい技術を持つ職人は、論じて教えるのではなく、弟子をとってそばにおきます。弟子は自分の五感を働かせ手足を動かして、技術を体得していきます。さらに経験を重ねて自分の頭で考えて、師匠を超える新しい技術を生み出したりもします。

ソクラテスのような学術の先人たちも、行動の人であったのだと思います。後世の人が言葉に落とし込んだ時に、それが死んでしまったのだと思うのです。

言葉によって嵌めてしまうと、大事な2割が消えてしまいます。「これを10やればできる」という本やセミナーがあったら、大事な2割を失くした状態で、8割について論じているのです。これでは、ベーシックなことは伝わったとしても、できる人にはならないし、ましてや今までの常識を超えるようなものは生まれないでしょう。

徒弟制がごく限られた場となり、みんなが師匠につく弟子になる環境でなくなっている今の日本では、自分で動かず他人の言葉で語ってばかりの、できない論じ屋があふれています。自分の行動に裏付けされた言葉の無いことが、危険です。

一つ、確かに言えることがあります。どれだけ不安でも、自分の言葉で、自分の頭で、自分の五体を使って、自分で動いて考えよう、ということです。

デジタルに頼りすぎるのもよくありません。身近なことで例えれば、辞書を手に取って引くと、前後左右の語も目に入りますから、何かに出合います。周辺の語への、いわば寄り道から、何かの理解や着想を得ることがあります。インターネットで検索する場合は、一発で目的の語が出ます。デジタルの世界は目的の情報を瞬時に抽出できる良さがあるのは確かです。しかし、アナログの良さは、手を動かし時には寄り道をすることがあるからこそ、調べたいものそのものの知識・情報に留まらない何かが身につき、やがて自身の滋養になって活きることがあるのです。

自分が「良い」「良くない」と思うこと、それを疑いましょう。その考えはどこから来ましたか？　自分の頭にあふれている他人の言葉、それを疑いましょう。楽な道を選んできた自分を肯定してくれる、心地良いだけの言葉ではないですか？　疑って、疑って、それでも疑いきれないものだけが、信じるに足るものです。妥協せず、徹底的に追求することです。

マニュアル本や研修で電話応対を学ぶことができます。お客様に丁寧に応対することは学べます。これは、論ずるコンサルタントから学ぶのとある意味同じです。でも、一本の電話の応対から、いまここで一緒に働く「あなた」を大切にすることがお客様のためになる、情報共有がお客様へのおもてなしに繋がる、そういう気づきに社員を導くことができれば、その社員は、間違いなく自らの体験を財産にして成長することができます。「情報共有が大切だ」ということが、お題目から経験知になり血肉となるのです。そういう社員が「やる」社員になります。そういう気づきの積み重ねをすることができる会社に、できる人材が生まれ、会社が強くなるのです。

本書の内容についても、私の経験知であって読者の経験ではありません。まずはどうぞ疑ってください。疑って、疑って、それでも疑いきれない考え方、疑いきれない知識が信ずるに足るものです。それを、ご自身の信ずるものとして軸に据え、道を選び、進んでいただきたいと願っています。

あとがき

あとがき

私は経営者として、社員たちに「考えるな」と、口を酸っぱくして言い聞かせています。これは「論ずるな」を別の言葉で置き換えた言い方です。その一方で、「準備200％」とも言っています。

単に直感で動くことがイコール「できる人」ではありません。考えずにまず行動してそれが奏功するためには、正しく直感が働くだけの素地が要るでしょう。さらに突き詰めれば、素地は心根の豊かさに依るのだと思います。

私は16歳の時に、世界を平和にしたいという志を持ちました。第三企画は「人のために明かりを灯す」を企業理念とし、「300年後の子どもたちのために」を合言葉とする社会貢献活動に力を入れています。

顧客である広告主の不動産会社様、その不動産会社様のチラシを手にしてくださる皆様、縁あって交流が生まれた世界各国の皆様、全ての皆様のお蔭により、企業活動とRBAという社会貢献活動の両立ができ、大変感謝しております。そしてその感謝が、経営や社会貢献活動において、私をさらに前進させる推進力を与えてくれているようにも思います。

本書で文面をご紹介した日新ハウジング様の広告には、号数表示がありません。毎号に「売買〇〇〇〇件の実績」という数字が入り、これが号数に代わるかのように、回を重ねるごとに増えていきます。

第壱部で収録の「自分を大切にしていますか？」（２００１年3月掲載）では約２千件だったのが、「理性の奴隷になるな！」（16年8月掲載）では5千件を超えています。気づけば20年以上、この広告企画は続いております。

日新ハウジングの皆様及び読者の皆様とともに思いを重ねて歩めたことが大変嬉しく、このような一冊をまとめさせていただきました。あらためまして、平山社長と皆様のご協力、ご理解に、心よりお礼申し上げます。

本書を通じてご縁を持たせていただいた皆様、この同じ地球で、同じ日本で、良い言葉・良い感情・良い行動をもたらし合い、善いと信ずる道をともに歩いていきましょう！

久米信廣

久米 信廣 プロフィール

KUME NOBUHIRO

1951年 1月 徳島県に生まれる

1978年 日本大学藝術学部卒業

1980年 現在の第三企画株式会社を創業、代表取締役就任

1989年 日本不動産軟式野球連盟を結成、
RBA軟式野球大会を主催
任意団体として社会貢献活動RBAをスタート

2000年 NPO法人RBAインターナショナルを設立、
理事長就任

2006年 明治大学大学院政治経済学研究科博士後期課程終了
経済学博士

著者の意見広告文は、
本書に未収録のものも含め、ホームページ「DAISAN WORLD」
(http://www.dai3.co.jp/daisanworld) 内のコンテンツ
「DAISAN WORLDに咲いた花」でご覧いただくことができます。

できる人はやる、
できない人は論ずる

2016年9月28日　初版第1刷発行

著　者…………久米 信廣
発行者…………池田雅行
発行所…………株式会社ごま書房新社
〒101-0031 東京都千代田区東神田 1-5-5
マルキビル 7F
TEL：03-3865-8641（代）
FAX：03-3865-8643
デザイン………具 眞姫
イラスト………Jenny
印刷・製本……精文堂印刷株式会社

Printed in JAPAN
ISBN 978-4-341-08651-0 C0030

ごま書房新社のホームページ　http://gomashobo.com/